KB020305

과로 사회

과로 사회

김영선 지음

새로운 세계를 상상하는 책 이매진

김영선 사회학자. 주요 관심사는 노동 시간, 여가 시간, 일상의 여가와 문화, 담론 분석이다. 고려대학교 사회학과에서 박사 학위를 받았고, 지금은 서울과학종합대학원 학술연구교수로 있다. 《잃어버린 10일》을 썼고, 《여가와 문화》와 《우리는 왜 일-소비 악순환에 빠지는가?》(근간)를 함께 옮겼다. 지금은 '장시간 노동 사회의 여가 풍경'을 연구하고 있다. 과로 사회를 넘어 한갓진 여가 사회를 그려내는 게 노동-여가 연구자로서 가지는 작은 소망이다.

이매진 시시각각 02

과로 사회

지은이 김영선 **펴낸곳** 이매진 **펴낸이** 정철수 **편집** 김성현 기인선 최예원 **디자인** 오혜진 **마케팅** 김둘미 **처음 찍은 날** 2013년 5월 16일 **등록** 2003년 5월 14일 제313-2003-0183호 **주소** 서울시 마포구 성지5길 17, 301호(합정동) **전화** 02-3141-1917 **팩스** 02-3141-0917 **이메일** imaginepub@naver.com **블로그** blog.naver.com/imaginepub **ISBN** 979-11-5531-001-4 (03300)

- 이매진이 저작권자와 독점 계약을 맺어 출간한 책입니다. 무단 전재와 복제를 할 수 없습니다.
- 환경을 생각하는 재생 종이로 만들고 콩기름 잉크로 찍은 책입니다. 표지는 앙코르 190그램, 본문은 그린라이트 70그램입니다.
- 값은 뒤표지에 있습니다.

- 이 책은 2011년도 정부(교육과학기술부)의 재원으로 한국연구재단의 지원을 받아 연구되었음(NRF-2011-358-B00023).

일러두기
- 한글 전용을 원칙으로 했고, 독자의 이해를 도우려고 인명, 지명, 단체명, 정기 간행물 등 익숙하지 않은 이름은 처음 나올 때 원어를 함께 썼다. 주요 개념이나 한글만으로는 뜻을 짐작하기 힘든 용어도 한자나 원어를 함께 썼다.
- 단행본, 정기간행물, 신문에는 겹꺾쇠(《 》)를, 논문, 영화, 방송 프로그램, 연극, 노래, 그림, 오페라 등에는 홑꺾쇠(〈 〉)를 썼다.

이 도서의 국립중앙도서관 출판시도서목록(CIP)은 서지정보유통지원시스템 홈페이지(http://seoji.nl.go.kr)와 국가자료공동목록시스템(http://www.nl.go.kr/kolisnet)에서 이용하실 수 있습니다.(CIP제어번호: CIP2013004821)

강수돌 고려대학교 경영학부 교수

#1 24시간 편의점이 도시의 동네마다 불을 환히 밝힌다. 사람이 많이 꼬이는 곳에 장사가 되기 때문이다. 여름의 한강변에는 아무런 주소가 없어도 자장면이 배달된다. 서울의 위성 도시로 향하는 심야 버스는 일상화한 지 오래다.

이 책 《과로 사회》에 따르면, 2012년 초 〈라디오 스타〉에 출연한 한국계 캐나다인 탤런트 줄리엔 강은 한국의 야식 문화를 보고 깜짝 놀랐다. 늦은 밤까지 문을 닫지 않고 손님을 맞는 음식점들이 신기하고, 게다가 집까지 배달한다는 사실은 충격적이었다. 바로 그 무렵 나는 캐나다의 토론토에 있었다. 유럽처럼 심하지는 않았지만 캐나다의 식료품 가게들은 저녁 무렵 문 닫는 시간을 엄격히 지켰다. 1분이라도 늦으면 들어가지 못했다. 아차 하면 저녁 반찬을 제대로 챙기기 어렵다. 놀라운 것은 24시간 편의점이 별로 없어도, 아무 슈퍼에서나 술을 팔지 않아도, 온타리오 호숫가에 피자가 배달되지 않아도, 심야 버스가 없어도 사람들은 별로 불편해하지 않는다는 점이었다.

#2 남성 생계 부양자 모델이라는 말이 있다. 남편이 출근하고 아내

는 주부로 가사 노동을 전담하는 가족 형태다. 아내는 저녁상을 차려놓고 남편이 오기만을 기다렸다. 그런데 점차 주말 부부도 늘었다. 남편이 (또는 아내가) 먼 곳에 가서 일하는 경우 부부는 주말에만 만난다. 또한 갈수록 맞벌이 부부도 늘었다. 남편과 아내가 동시에 출근하고 비슷하게 퇴근하는 경우다. 한편 부모가 힘들게 사니 자식만은 경쟁력을 갖춰 편히 살도록 엄마와 아이는 해외 유학을 떠나고 아빠는 돈만 벌어 보내주는 '기러기 아빠'도 꽤 많다. 《감정노동》을 쓴 앨리 R. 혹실드 교수의 말대로, 여성은 회사 노동과 가사 노동이라는 이중 부담을 넘어 아이들 감정까지 챙기는 3교대 노동을 하기 일쑤다. 한국 여성은 아이들 공부도 챙기는 4교대 노동까지 한다. 그런데 이것보다 더한 '태그팀 커플'도 늘고 있다. 맞벌이 부부이기는 하지만 서로 일하는 시간대가 달라 마치 레슬링 선수들이 교대를 하며 게임을 하듯 부부가 교차하며 살아간다. 이제 가정은 온 가족이 둘러앉아 오순도순 밥을 나누는 '사랑의 보금자리'가 아니라 누군가 잠시 들렀다 먹을 것만 챙겨 먹고 바삐 사라지는 '버스 정류장'으로 변했다. 결국 사랑하는 사람과 맺는 관계는 형식적으로만 유지될 뿐, 오히려 직장 동료들하고 더 많은 시간을 보낸다. 회사가 집이 되고 집이 회사처럼 되는, 이상한 현상이 발생한다.

#3 한국의 이주 노동자는 물론 날품팔이식 비정규직 노동자들은 '신종 노예'다. 저임금에 장시간 노동, 노동권 부재에 시달린다. 그러나 대기업 정규직 노동자라고 해서 크게 다르지는 않다. 보수 언론이 '귀족 노동자'라고 비아냥거리는 상대적 고임금은 대체로 잔업, 철야, 특근으로 빼앗긴 시간 주권에 주는 보상에 불과하다. 물론 독점 대자본에 종속된 노예가 하청 자본에 예속된 노예보다 사정이 좀 낫기는 하다. 그러나

잘나가는 자동차 공장의 정규직 노동자는 말한다. "아내나 아이들이 집에 들어오면 애완견하고는 인사를 나누고 말도 건다. 그런데 내가 퇴근 뒤 돌아와도 아무도 말을 걸지 않는다. 나는 애완견 취급도 못 받는다." 이제 한국의 노동자는 애완견보다 못한 '돈벌이 기계'로 전락하고 말았다.

이 모든 이야기를 관통하는 개념으로 저자는 '과로 사회'를 꼽는다. 내가 쓴《일중독 벗어나기》(2007)나 재독 철학자 한병철의《피로사회》(2012)하고 상통하기도 한다. 좀더 깊이 들어가면 독일의 홀거 하이데 교수가《노동사회에서 벗어나기》(2000)나《자본을 넘어, 노동을 넘어》(2009)에서 말한, 외상 후 스트레스 증후군PTSD을 집합적으로 드러내는 '노동 사회'의 문제하고 일맥상통한다.

여기서 우리는 진지하게 질문을 던져야 한다. "인간답게 살려고 일을 하는데, 도대체 왜 일을 할수록 더 비인간화되는가?" 질문을 던친다는 것은 결국 해결책을 찾으려는 것이다. 여기서 돌파구를 찾는 데 중요한 실마리를 세 가지만 꼽아보자.

첫째, 노동 시간은 일정한 사회적 관계 속에서 역사적 변천을 거친다. 예를 들어 "19세기 중반까지 지속된 성월요일은 노동자들에게 '친구의 날', '시장에 가는 날', '개인적인 일을 보는 날'로 여겨졌고, 지난주에 번 돈으로 술을 마시며 보내는 날이었다." 산업혁명 이전만 해도 유럽의 많은 노동자들은 1주에 3~4일밖에 일하지 않았다. 먹고사는 데 지장이 없는 정도만 일하고 인생을 즐겼다. 게다가 "전통 사회에서 해진 뒤 밤 시간은 그야말로 자야 하는 시간이었다. '원칙적으로' 야간 노동은 금지돼 있었다. 마찬가지로 소등 시각이 지나면 어떤 술집도 영업을 계속할 수 없었다. 노트르담 성당의 소등 종소리가 울리면 술집은 손님을 받지 못하게 돼 있었다." 그러던 것이 자본주의 산업혁명 이후 기계화가 진행되고 대공장이 발전하면서 노동 시간은 점차 길어진다. 하루 15~16시간 노동이 예사였다. 한편 1886년 5월 1일 미국 시카고 헤이마켓 광장의 '8시간 노동제' 투쟁이 상징하듯 전세계적인 노동 시간 단축 운동으로 노동 시간이 조금 줄기도 했다. 그렇지만 1980년대 신자유주의 세계화 이후 한편에서는 장시간 노동이 부활하고 다른 편에서는 대량 실업이 창출된다. 요컨대, 자본과 노동의 관계, 자본과 권력의 관계, 지배층과 풀뿌리의 관계에 따라 '과로 사회'도 얼마든지 변할 수 있다.

둘째, 노동에 관한 가치관의 변화도 매우 중요하다. 국가별 노동관을 살핀 어느 연구에 따르면 미국은 자아 실현형, 프랑스는 보람 중시형, 일본은 관계 지향형, 한국은 생계 수단형이다. 이런 차이의 인식도 중요하지만, 이 유형을 모두 꿰뚫는 공통점도 중요하다. 그것은 바로 사람과 사람, 사람과 자연 사이의 긴밀한 유대가 낱낱이 깨진 뒤, 또한 인간적인 삶의 관계들을 수호하려는 온갖 사회 운동들이 패배한 뒤 나타난 현상이라는 점이다. 소크라테스나 플라톤, 아리스토텔레스 시대에만 해도 노동은 노예들이 하는 '천한' 것이었다. 그러나 15~16세기 종교개혁 때 칼뱅주의는 성실하고 근면한 노동(소명)을 통해 부를 축적하고 검약하는 자만이 구원을 받는다고 함으로써 노동을 '신성화'했다. 새롭게 등장하는 자본에게는 매우 유익한 논리였다. 그러나 노동을 하는 당사자들에게는 전혀 그렇지 못했다. 농촌에서, 공유지에서, 땅에서 쫓겨난 사람들은 공장 노동의 엄격한 규율에 길들여지기 싫어 방랑하거나 걸인이 됐다. 국가는 이런 사람들을 폭력으로 길들여갔다. 나중에는 교육과 복지를 통해 순치했다. 그 사이에 노동 운동은 패배하거나 타협했다.

자본, 곧 기업과 국가의 거대한 폭력과 제도에 순치된 노동자들은 내면의 트라우마(상처)를 안고 두려움에 떨며 일한다. 이제 노동은 유일한 삶의 원리인 것처럼 내면화되고 말았다. 체제 동일시 또는 강자 동일시라는 생존 전략이 마침내 노동 동일시로 귀결되고 만 것이다.

자신만의 멋진 삶, 인간다운 삶이 존재할 텐데, 이제 사람들은 그런 것은 꿈도 꾸지 못하고 단지 노동 안에서, 그리고 그 연장에 불과한 소비 안에서 자신을 찾으려고 한다. 일종의 착각이자 행위 장애다. 노동자는 관리자 앞에서 감정노동을 수행한 뒤, 백화점에 가서 소비자가 되면 다른 노동자의 감정노동을 서비스로 받는다. 따라서 개별 노동자가 자신의 일에 관해 자아실현이나 보람을 강조하건 인간관계나 생계를 강조하건, 결국 노동은 본연의 인간다운 삶이 훼손된 뒤의 행위 장애에 불과하다. 이 점을 인식하는 것은 곧 노동 중독과 소비 중독이라는 (자본주의라는 수레의) 두 바퀴에서 우리를 구출할 수 있는 중요한 실마리다. 요컨대 우리의 노동관, 곧 일과 삶, 노동과 인생을 더는 동일시하지 않고 어느 정도 적정한 거리를 두는가, 그리고 내용적으로 삶이 일에 파묻히는 게 아니라 일을 삶 속으로 얼마나 적절히 통합할 수 있는가에 따라 '과로 사회'의 운명도 달라질 수 있을 것이다.

셋째, 부자 되기 열풍, 달리 말하면 가난의 두려움을 정면으로 돌파할 필요가 있다. 인생은 결코 부자 되기가 목적이 아니다. 인생에 목적이 있다면 단연코 행복이다. 그러나 나 홀로 행복이 아니라 '더불어 행복'이다. 생각해보라. 히말라야 기슭의 라다크 마을이나 남태평양 아누타 섬 사람들은 가난하고 소박하지만 서로 도우며 행복하게 살지 않던가 (SBS 특집 다큐 〈최후의 제국〉 참조). 그 사람들에게 삶의 시간은 온통 자신의 것이다. 일과 삶이 분리되지 않고 일과 쉼이 분리돼 있지 않다.

따지고 보면 '일과 삶의 균형'이라는 말조차 일과 삶의 분리, 곧 자본에 지배되는 삶의 식민화를 전제로 한다. 그 속에서 부자 되기를 목표로 하는 삶은 마치 노예 제도 아래 '마름'으로 상승하기를 꿈꾸는 것하고 같다. 부자 되기 열풍이란 결국 기득권층이 기득권을 누리면서 중독되는 향유 중독, 그리고 중간이나 그 아래의 비기득권층이 기득권을 동경하면서 중독되는 동경 중독이 표면으로 드러난 것에 불과하다. 이 중독들의 뒷면에 도사리는 것은 생존의 두려움, 탈락의 두려움, 배제의 두려움, 가난의 두려움이다. '지속 가능한 발전'이라는 구호가 최근 쑥 들어간 것도 부자 되기 열풍, 곧 무한한 경제 성장을 전제로 하는 한 그 목표가 불가능하다는 사실이 드러난 탓이 아닐까?

진정으로 '지속 가능한 삶'은 풍요가 아니라 가난 속에서 가능하다. 그렇게 되면 더는 아파트와 자동차를 사고, 아이들 학원이나 과외를 강제하며, 온갖 보험 상품을 사느라 갈수록 더 많이 일해야 하는 강박증에서 자유로워질 것이다. 그런 삶은 '풍요 속의 빈곤'일 뿐이다. 그러나 모든 사람이 가난을 기꺼이 받아들인다면 우리는 역설적으로 '가난 속의 충만함'을 누릴 수 있다. 오늘날 한국인을 비롯한 세계 여러 나라의 잘사는 사람들이 동남아의 가난한 나라를 많이 방문한다. 나는 이 사람들이 현지의 값싼 음식과 물건을 푸짐하게 소비하면서 '우리의 과거'를 애도하기보다, 오히려 현지 사람들의 느리지만 인정 넘치는 생활 방식에서 '오래된 미래'를 발견하면 좋겠다. 요컨대 우리의 인생관이 어떻게 형성되는가에 따라 '과로 사회'가 더 심화할 것인지 아니면 점차 종말을 맞을 것인지가 결정될 것이다.

저자가 일관되게 강조하는 장시간 노동이나 과로 사회의 문제를 극복하려면 결국 우리의 인생관, 노동관, 시간관을 근본적으로 되돌아

봐야 한다. 그런 철학적 성찰 위에 비로소 사회 제도나 정책 등 온갖 구조적인 틀을 새롭게 짜야 한다. 단언하건대 돈이 많이 드는 전략은 결코 해답이 아니다. 돈을 많이 요구하는 전략은 결국 일을 더 많이 요구한다. 우리는 살기 위해 일을 하는 것이지 결코 일하기 위해 사는 게 아니다. 진정 인간다운 삶을 원하는 모든 분들, 이 책《과로 사회》를 함께 읽고 진지한 성찰과 토론을 힘차게 벌이시기를 강력 추천한다.

2013년 1월 23일
강수돌

칼퇴근, 나만의 자유 시간, 2주 연속 바캉스, 가족과 먹는 저녁, 텃밭을 가꿀 시간, 상상의 나래를 펼칠 시간, 사랑의 싹을 틔울 시간, 더 짧은 노동, 더 많은 임금, 여유로운 삶! 이 모든 게 그저 먼 나라 남의 이야기가 아닐 수 있다.

그러나 우리는 장시간 노동이라는 돼지우리에 갇혀 있다. 너무 오래 있다 보니 악취가 악취인 것도 모르고 있다. 너무 익숙해진 탓에 악취를 맡더라도 얼마나 고약한지 표현하지 못하는 저인지 상태에 놓여 있다. 우리가 어떻게 과로 사회가 뿜어내는 불쾌한 냄새를 참고 견디는 주체가 된 것인지 반문하지 않을 수 없다.

장시간 노동은 우리 시대의 부끄러운 과거이자 현재를 말해준다. 장시간 노동은 우리 시대의 서글픈 미래이기도 하다. 미래에도 '과거'의 그림자가 짙게 드리워 있다. 장시간 노동은 어제를 살았고 오늘을 사는 모든 이가 짊어진 고통이다. 어제와 오늘의 고통이 내 내일이 되지 않으리라는 법은 없다.

우리는 왜 풀리지 않는 피로에 시달리는가? 우리는 왜 피로회복제를 달고 사는가? 우리는 왜 천근만근인 우리 몸을 붕붕드링크로 채찍질

해야 하는가? 우리는 왜 가족과 함께하는 시간이 부족한가? 우리는 왜 주말 부부가 되어야 하는가? 우리는 왜 아이를 키우기 위해 친정 근처로 이사를 가야 하는가? 우리는 왜 아이를 낳으면 집에 들어앉을 수밖에 없는가? 우리는 왜 야밤에도 사무실에 불을 밝히고 남아 있는 가? 우리는 왜 심야 버스를 타고 퇴근해야 하는가? 우리는 왜 주말에도 출근해야 하는가? 우리는 왜 5일 남짓의 여름휴가 밖에 못 가는가? 우리는 왜 3~4주 바캉스를 갈 수 없는가? 우리는 왜 텃밭을 가꿀 시간조차 없는가? 우리는 왜 바쁘다는 하소연을 늘어놓을 수밖에 없는가? 우리는 왜 여유롭지 못한가?

이 모든 문제의 핵심은 장시간 노동이다. 아무리 생각해도 그렇다. 장시간 노동은 체력을 회복할 최소한의 시간을 확보하는 것도 힘들게 한다. 가족 관계를 해친다. 아이의 숨결을 느끼는 즐거움을 빼앗는다. 사회관계 또한 빈약하게 만든다. 공동체 참여를 어렵게 한다. 가만히 멈춰 서서 여유를 즐길 시간을 박탈한다. 우리의 정신과 상상력을 좀먹는다. 장시간 노동은 이렇게 우리의 삶 자체를 팍팍하게 만든다.

과로 사회에서는 건강한 삶, 더불어 사는 삶, 한갓진 여가, 상상력, 공감, 민주주의, 상상의 나래를 마음껏 펼치기가 어렵다. 장시간 노동에 예속된 우리네 삶은 인생에서 가장 중요한 것은 일뿐이라며 크리스마스 이브에도 아랑곳하지 않고 일 만하는 스크루지 영감의 삶과 다름없다. 영원토록 바위를 산꼭대기까지 밀어 올려야만 하는 시시포스의 신세와 다를 바 없다. 일말의 자유 시간이 없는 상태, 그것은 노예의 범주에 해당하는 게 아닐까? 장시간 노동이라는 예속 상태는 이대로 계속돼야 만 하는 걸까?

—

《과로 사회》는 이런 의문에 관한 진단과 해답을 담았다. 《과로 사회》는 모두 4부, 9장으로 구성돼 있다.[1] 1장은 과로 사회의 단면을 스케치한다. 장시간 노동에 휩싸인 과로 사회의 현주소를 점검한 뒤, 인터뷰를 통해 직장인들의 일 경험과 일에 관한 인식을 구체화한다.

2장은 장시간 노동이라는 모순 덩어리의 결을 풀어보는 작업이다. 먼저 장시간 노동의 다양한 원인을 구조, 문화, 장치 차원에서 분석한 뒤, 경영 담론이 노동에서 면제된 자유 시간(휴가)을 특정한 방식으로 형상화해온 역사를 검토한다. 그런 과정을 통해 시간의 민주화 가능성이 어떻게 굴절될 수밖에 없었는지 스케치한다. 또한 우리가 일-소비의 다람쥐 쳇바퀴에 갇히게 된 이유를 줄리엣 B. 쇼어의 논의를 통해 반추한다.

3장은 특별해 보이지만 특별하지 않은 사람들의 일과 삶을 들여다본다. 1990년대 중반 이후 24시간 사회로 빠르게 재편되면서 등장한 독특한 맞벌이 형태인 태그팀 커플의 일과 삶을 스케치한다. 늘 피곤할 수밖에 없는 24시간 '회전하는' 사회의 자화상을 그려본 뒤, 파견이 마구잡이로 확산되는 안산 반월공단을 중심으로 날품팔이 노동자들의 일과 삶을 살펴본다. 이런 과정을 통해 대한민국 노동 세계의 현재이자 다가올 미래를 진단한다.

4장은 시간을 둘러싼 정치에 관해 살펴본다. 성월요일, 근로자의 날, 해태제과 8시간제 투쟁, 켈로그 6시간제 등 시간을 둘러싼 투쟁 사례를 살펴보면서 자유 시간의 의미를 짚어보고, 과로 사회에 사는 우리가 무엇을 잃어버리고 있는지 탐색한다. 마지막으로 과로 사회를 넘어서야 하는 이유를 다시 강조한다. 장시간 노동이라는 예속을 해체하고 우리가 어디로, 어떻게 가야 하는지 이야기한다.

이제 우리는 부끄러운 '과거'를 넘어 건강한 미래로 나아가야 한다. 장시간 노동이 해체되지 않는다면 건강한 미래라는 문구는 단지 미사여구에 그치는, 그저 먼 나라 남의 이야기에 불과할 뿐이다. 장시간 노동이라는 예속을 해체한다면 우리는 다른 현재, 다른 미래, 다른 세계를 그릴 수 있다. 우리는 충분히 여유로운 삶을 살 수 있다.

> 우리는 지금 가만히 멈추어 서서
> 바라볼 시간이 필요하다
> 우리는 혼자 있을 시간이
> 타인과 관계를 맺을 시간이
> 창조적인 일을 할 시간이
> 즐거움을 주체적으로 즐길 시간이
> 아무것도 생산하지 않고
> 그저 근육과 감각을 움직일 시간이 필요하다
> 그리고 친구들과 함께
> '내'가 살고 싶은 세상을 구상하고
> 기획할 시간이 필요하다
> ── 폴 라파르그의 《게으를 수 있는 권리》 중에서

01

대한민국은 여전히 과로 중

1. 신성일과 이주일

'먹는 것'을 죄악시하는 보육원이 있다.

식욕은 죄악이라는 교리가 진리로 통하는 곳이다. 이 보육원에서는
오직 단식만이 교리를 실천하는 최선의 길이다. 여기서 비만은 최고의
죄악으로 여겨진다. 그렇기에 배부르게 먹는 일은 죄를 짓는 것이고
수치스러운 짓이다. 그래서인지 보육원의 아이들은 영양실조에 걸린
듯 얼굴이 퀭해 보인다.

　　이런 교리를 모르는 전학 온 한 아이가 친구들 앞에서 초코파이
를 스스럼없이 먹는 일이 발생하는데, 보육원 아이들 모두 그 아이를
악마 대하듯 한다. 신심이 두터운 주인공 '신성일'은 너무 놀란다. 신성
일에게는 상상도 못할 일이 벌어진 것이다. 먹는 것이 죄악인 보육원
에서 대놓고 초코파이를 먹는다는 것은 악마의 행동이기 때문이다.
여기서는 먹더라도 화장실이나 침대 밑과 같이 구석진 곳에 숨어서
먹어야 한다. 보통 혼자 몰래 먹는 것이 당연지사였다.

《신성일의 행방불명》(2006)이라는 영화의 한 장면이다. 관객은 먹

는 짓이 죄라는 교리가 허구라는 사실을 잘 알고 있다. 그렇지만 그 교리를 배우고 자란 신성일은 교리를 깨고 마음껏 식사를 즐기기가 생각처럼 쉽지 않다.

먹는 짓을 죄악시하는 보육원처럼, '알아서 7시에 출근하고 11시에 퇴근'하는 것을 당연시하는 과로사(社)라는 가상의 회사가 있다.

7시 출근, 11시 퇴근이라는 사훈이 진리로 여겨지는 곳이다. 과로사에서 '비어 있는 시간'은 한 방울 남김없이 쥐어짜 일을 하는 데 투여하는 게 최선이다. 여기서 시간을 낭비하는 것은 대죄에 해당한다. 그래서 남는 시간에 무언가를 채우지 않으면 뒤처지는 것 같고 불안하기만 하다. 그래서 그런지 직원들은 피로에 지친 듯 눈이 잔뜩 충혈돼 있다.

이런 조직 문화를 모르는 '이주일'이라는 한 신입 사원이 연차휴가 앞뒤에 주말을 더해 보름이 넘는 여름휴가를 신청하는 일이 벌어지는데, 직원들 모두 "그 친구, 머리에 총 맞은 것 아니냐!"며 크게 놀란다. '세븐일레븐(7/11)'이라는 이름을 가진 충성도 높은 회사원도 놀라기는 마찬가지다. 세븐일레븐에게는 꿈도 꿀 수 없는 사태이기 때문이다. 긴 휴가를 보내는 게 죄와 똑같이 취급될 필요는 없지만, 장시간 노동이 상식인 곳에서는 참으로 개념 없는 행동이기 때문이다. 여기서는 휴가를 사용하더라도 눈치를 봐야 하고, 알아서 잘라 써야 한다. 남은 휴가는 고스란히 반납하는 게 당연지사다.

이런 풍경은 대한민국 과로 사회의 현주소다. 우리는 긴 휴가가 죄가 아니라는 사실을 잘 알고 있다. 그렇지만 과로사에 다니는 세븐일레븐이 장시간 노동이라는 상식을 깨고 '이주일'처럼 한갓지게 바캉스

표 1-1 연평균 노동 시간 추이

	2003년	2004년	2005년	2006년	2007년	2008년	2009년	2010년
한국	2424	2392	2351	2346	2306	2246	2232	2193
그리스	2103	2082	2086	2148	2115	2116	2119	2109
칠레	2235	2232	2157	2165	2128	2095	2074	2068
헝가리	1990	1993	1993	1989	1985	1986	1968	1961
체코	1972	1986	2002	1997	1985	1992	1942	1947
멕시코	1857	1849	1909	1883	1871	1893	1857	1866
OECD 평균	1785	1783	1782	1779	1773	1767	1741	1749
일본	1799	1787	1775	1784	1785	1771	1714	1733
영국	1674	1674	1673	1668	1670	1665	1643	1647
독일	1439	1442	1434	1430	1430	1426	1390	1419
네덜란드	1401	1399	1393	1392	1388	1379	1378	1377

* 단위: 시간
* OECD(2011년 8월 기준 http://dx.doi.org/10.1787/annual-work-table-2011-1-en)

를 즐기기는 생각보다 쉽지 않다.

장시간 노동이 자연 법칙처럼 여겨지는 한국에서 우리는 모두 과로사에 다니는 '세븐일레븐'이다. 먹는 일을 죄악시하는 보육원의 '신성일'이기도 하다. 우리는 장시간 노동 현실을 타파하기 위해 의지를 모으거나 문제 삼기보다는 어쩔 수 없다며 포기한 채, 과로사의 관행처럼 굴러가는 톱니바퀴 리듬 속에서 오히려 편안함을 느낀다. 세븐일레븐을 자긍심, 우월감, 유능함, 편안함, 열정에 연결하는 모습도 발견된다. 사실 그 편안함이나 자긍심은 하도 오래 돼지우리에서 살면서 우리 몸에 깊게 밴 냄새인 탓에 어느새 무감각해진 편안함하고 다르지 않다. 분명 그 편안함은 불쾌한 것이다.

해마다 반복되는 서글픈 이야기가 있다. OECD 자료가 발표될 때마다 한국의 노동 시간이 너무 길다는 한탄이 나온다. 2010년 기준 한국의 노동 시간(2193시간)은 OECD 평균(1749시간)에 견줘 너무 길다는 것이다. 한국은 그리스(2109시간), 칠레(2068시간)와 더불어 최장 시간 노동 국가로 불린다. 노동 시간이 가장 짧은 네덜란드(1377시간)에 견주면 800시간이나 길다. 일본(1733시간)보다도 500시간이나 길다. 삶의 만족도나 행복 지수가 낮게 나타나리라는 것은 자명하다. 해마다 반복되는 서글픈 이야기지만, 그때뿐이다.

그나마 과거에 견줘 상황이 나아졌다는 이야기가 이곳저곳에서 들린다. 1990년대보다 줄었고, 2000년대 초반보다 줄어들었다는 이유 때문이다. 노동 시간이 줄었다는 주장은 2004년 실시된 주40시간제와 결합하면서 정설처럼 받아들여진다. 그러나 그런 주장은 신화에 불과하다. 우리 삶 속에서 노동 시간이 단축된 효과는 거의 찾기 힘들다. 왜냐하면 2400시간에서 2200시간으로 준 상황은 전혀 유의미한 변화가 아니기 때문이다. 연평균 노동 시간이 2100시간으로 줄어도 마찬가지다. 생색낼 일은 전혀 아니다. 5인 이하 영세 사업장의 통계를 포함하면 단축 효과는 거의 없다. 장시간 노동은 역사책에 나오는 과거의 이야기가 아니다. 지금 우리의 엄연한 현실이자 불편한 진실이다.

장시간 노동 현실은 노동 시간 말고도 여러 차원에서 확인할 수 있다. 요즘 6시 칼퇴근하는 직장인들이 얼마나 될까? 늦은 밤 사무실이 몰려 있는 광화문, 여의도, 테헤란로의 건물들은 대낮처럼 환하다. 야근하는 사람들이라고 보면 된다. 눈치 야근도 다반사다. 자의든 타의든 칼퇴근은 '승진 포기'라는 게 공공연한 비밀인 과로 사회의 자화상이다.

연평균 노동 시간이 3000시간에 가까운 경우도 있다. IT산업노조와 진보신당이 함께한 어느 조사에서 인용한 인터뷰를 보자.

처음 3년 동안은 추석, 설날 당일 빼곤 쉬지 않고 출근했어요. 매일 아침 8시부터 밤 11시까지 일하는 건 기본이었고요, 밤새는 것도 부지기수였죠. 6년 동안 이렇게 살다가 얻은 게 과로였어요. 저는 신장과 간에 이상 진단 받았고요, 스트레스성 장염이나 위장병으로 쓰러지는 동료도 허다했어요. 이런 일 이쪽 업계에선 당연한 일이에요.(《프레시안》 2010년 8월 12일)

과로에 지쳐 병을 얻는 게 분명하다. 산재 사망률이 OCED 국가 중 1위인 이유도 장시간 노동에 있을 것이다. 노동 시간이 최장인 나라에서 산재 사망률이 높은 것은 결코 우연이 아니다.[1]

연장 근로 위반 현황을 보자. 연장 근로는 당사자 간 합의에 따라 1주 12시간 한도로 제한하고 있는데, 위반 건수가 83.8퍼센트에 이른다(노동부 2008, 29~30). 영세 업체 자료까지 감안하면 거의 모든 사업장이 제한 기준을 위반한다고 해도 과언이 아니다. 어느 사업장에서는 이른바 곱빼기 근무라고 해서 야간조 근무 뒤 그대로 다시 오전조 근무를 하는 형태가 발견되기도 한다. 아주 오래전 야만주의의 유물로 비난받던 노동 형태가 21세기 한국의 작업장에서 버젓이 자행되고 있다.

한국타이어는 오전, 오후, 야간조의 3교대 근무형태로 7시간 10~20분을 근무하지만, 교대근무 전후 4시간의 초과근로를 하는 형태가 확인됐고, 소위 곱빼기 근무라고 해서 야간조 근무 후 그대로 다시 오전조 근무를 하는 공출근무가 있었다.(한국산업안전공단 산업안전보건연구원 2008, 30)

24시간 맞교대로 일하는 경비 노동자도 주위에서 어렵지 않게 접할 수 있다. 긴 노동 시간도 문제지만, 더욱 큰 문제는 24시간 맞교대가 노동자의 삶의 양상을 총체적으로 바꿔놓는다는 데 있다. 24시간 근무로 건강을 해치는 일은 다반사요, 가족 관계나 사회관계를 건강한 방식으로 이끌어가기 힘들기 때문이다.

2. 여가 없는 나라의 여가 풍경

장시간 노동이라는 돼지우리에 갇혀 있는 우리네 삶의 질은 빈약하기 그지없다. 장시간 노동은 우리의 삶을 고갈시키고 일상 관계를 무너뜨린다. 사랑할 여유마저 빼앗고 우리 존재의 영원성까지 잃게 한다. 과로 사회는 일종의 여가 없는 나라다.

장시간 노동은 우리의 삶 하나하나에 많은 영향을 미치고 있다.[2] 첫째, 장시간 노동으로 자유 시간은 턱없이 부족하다. 물리적인 차원에서도 그렇고 사회 심리적 차원에서도 마찬가지다. 그렇기 때문에 우리 사회는 여유가 결핍돼 있다. '찐한 피로'를 채 털어내기도 전에 또다시 장시간 노동의 쳇바퀴에 짓눌린다. '무언가에서 벗어날 자유freedom from'가 넉넉하지 못하다.

둘째, 자유 시간이 부족하기 때문에 남는 시간에 적극적으로 무언가를 기획하기가 여의치 못하다. '무언가를 할 자유freedom to'가 빈약한 것이다. 피곤에 지쳐 있어서 텔레비전 앞에서 그냥 시간을 때우고 만다. 노동 시간이 긴 사회일수록 텔레비전도 많이 본다는 연구 결과(De Graaf 2003; Nazareth 2008, 54)는 한국의 여가 활동 1위가 텔레비전 시청인 이유를 알려준다. 애니팡이나 드래곤 플라이트처럼 '짧고 쉬워서' 좋다는 스마

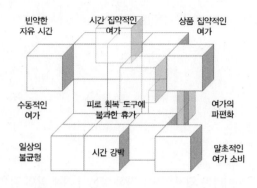

그림 1-1 여가 없는 나라의 여가 풍경

빈약한 자유 시간

시간 집약적인 여가

상품 집약적인 여가

수동적인 여가

피로 회복 도구에 불과한 휴가

여가의 파편화

일상의 불균형

시간 강박

말초적인 여가 소비

트폰 게임이 국민 게임으로 불리며 공전의 히트를 한 이유도 이런 사정하고 관련이 있을 것이다. 장시간 노동에 휩싸인 우리의 일상은 수동성으로 귀결되는 경우가 많다.

셋째, 그나마 남는 시간은 '상품 집약적commodity intensive'이고 '시간 집약적time intensive' 여가로 채워진다. 자유 시간이 빈약한 사람들은 만족도를 높이기 위해 좀더 빨리, 좀더 많은 양의 상품을 투입하려 하기 때문이다. 얼마 전 농촌경제연구원이 내놓은 〈식품 수급의 최근 동향과 시사점〉(2012년 11월 29일)이라는 자료를 보면, 식료품비에서 외식비 비중은 1990년까지 20퍼센트 수준에 불과하다가 2010년에는 46.6퍼센트까지 급증했다. 손쉽게 조리할 수 있는 가공식품의 비중이 늘어난 반면 손질하기 번거로운 신선 식품의 비중은 낮아졌다. 외식비와 가공식품 비중의 증가는 상당히 많은 것을 시사한다. 맞벌이 가구의 증가와 긴밀하게 맞물려 있다. 가구 차원의 장시간 노동이 먹거리의 상품화와 어떻게 연결되는지를 보여주는 대목이다. 가사의 상품화, 육아의 상품화도 마찬가지다. 긴 노동은 반드시 일상의 모든 부문의 상품화를 수반하기 마련이다. 노동 시간 단축을 윤리적 소비, 친환경 솔루션, 건강한 육아로 연결해 해석하는 쇼어(Schor 2011)의 주장은 귀담을 만하다.

넷째, 장시간 노동으로 일상 관계는 항상 불균형이다. 긴 시간 일할수록 가족 관계, 사회관계를 건강한 방식으로 이끌어가기 어렵다. 긴 시간 노동은 어김없이 가족 관계의 부재로 이어지기 때문이다. 한국은 아빠가 아이들하고 지내는 시간이 적은 국가에 속한다. 일본 국립여성교육회관의 〈가정교육에 관한 국제 비교 조사〉(2006)에 따르면, 한국 아빠들은 아이들과 하루 평균 2.8시간을 지내는 것으로 나타났는데, 조사 대상 국가 중에서 꼴찌였다. 홑벌이든 맞벌이든 장시간 노동에 따른 낮은 육아 참여는 저출산 문제를 악화시킬 뿐이다. 장시간 노동 관행을 개선하지 못한 상태에서 시행되는 출산 정책이나 육아 정책은 한계에 부딪힐 수밖에 없다. '지난 한 주 가족과 함께한 저녁은 몇 번입니까?'라는 질문을 받는다면, 야근이 일상인 우리의 경우 그 빈도는 그리 높지 않을 것이다. 친구나 이웃하고 맺는 관계와 공동체 참여 또한 자연스럽게 약화되기 마련이다(Sennett 2001, Putnam 2009). 어떤 일상 관계든 시간과 노력과 정성이 들어간다는 사실을 감안하면 장시간 노동은 일상 관계를 침해하는 일종의 폭력이다. 일상 관계에 들일 물리적 시간과 심리적 여유를 박탈하기 때문이다.

다섯째, 장시간 노동은 여가 생활을 여지없이 파편화한다. 야근과 잦은 특근으로 주말 나들이나 출근 전후에 요가나 수영을 즐기려던 계획이 물거품이 되는 경우가 부지기수다. 한편 장시간 노동으로 몸과 마음이 소진된 사회에서는 붕붕드링크, 폭탄주, 도박, 우유 주사처럼 자극적이고 말초적인 재미가 만연할 수밖에 없다.

마지막으로 과로 사회에서 휴가는 단순 피로 회복 도구에 불과한 박카스 휴가에 그친다. 2주 휴가를 신청하는 사람은 스스로 죄책감을 갖는다. 2주 연속 휴가는 과로 사회와 '맞지 않는 옷'이기 때문이다. 그저 남의 나라 이야기일 뿐이다. 과로 사회는 그야말로 쉼이 없는 비인간적인 세계의 또 다른 표현이다.

장시간 노동을 제도나 정책으로 바로 잡을 수 있다면 문제는 간단하다. 그러나 장시간 노동은 우리 시대 세계 전체의 특유한 여러 구조와 얽혀 있다. 장시간 노동은 우리의 삶 전체를 예속하는 복잡한 원인들이 얽히고설킨 통치government의 산물이다(Foucault 2011).

장시간 노동이라는 예속을 해체하기 위해 우리는 무엇을 해야 하는가? "바쁜 게 좋은 거야"라는 자조 섞인 위안, "벌 수 있을 때 바짝 벌자"는 위기의식, "그래도 늦게까지 엉덩이를 붙이고 있어야 상사 눈밖에 안 나지"라는 통념, "젊을 때 일을 안 하면 나중에는 일할 수 없다. 야근은 축복이다"라는 왜곡된 신념이 뒤섞이면서, "어쩔 수 없지"라는 푸념만 늘어놓을 수밖에 없는 현실을 어떻게 넘어서야 하는가?

장시간 노동이라는 사훈은 왜 절대 진리처럼 굳어졌고 어떤 방식으로 과로사의 직원들을 옥죄는지, 나아가 시간의 민주화democratization of time는 왜 요원하게 됐는지 구체화하는 작업이 필요하다. 다시 말해 장시간 노동 관행을 정당화하는 신화, 장시간 노동 관행을 지속시키는 원인, 우리가 장시간 노동 문화에 예속될 수밖에 없게 된 상황을 드러내야 한다. 장시간 노동은 하나의 특수한 형태로 작동하는 권력의 산물이자 통치의 테크놀로지라는 점에 초점을 맞추면서! 시간의 민주화를 굴절시키는 장시간 노동에 맞선 저항이야말로 정치의 출발이라는 점을 염두하면서! 이것이 진보 정치가 할 일이다. 진보 정치는 자유의 가능성을 최대화할 수 있도록 장시간 노동을 영속시키는 모순을 무엇보다 먼저 해체해야 한다. 그렇게 된다면 우리는 충분히 여유로울 수 있다. 그렇게 된다면 우리는 사랑할 여유를 가질 수 있다. 그렇게 된다면 우리는 상상의 세계에 들어갈 수 있다.

3. 일과 삶의 불균형

쏟아지는 균형 정책

세계화 이후 노동의 세계는 훨씬 변덕스러워졌다. 노동의 세계는 이제
더는 장기 전망을 제공하지 않는다. 노동자들은 예측 가능하고 연속적
인 미래 서사를 기획하기 어렵게 됐고, 장래 설계를 포기한 채 하루하루
임시변통할 수밖에 없다(Sennett 2009, 34). 경제 위기 뒤 양극화가 속도를
더해가면서 우리네 삶은 더욱 불안해졌다. 양극화는 생산 영역은 물론
재생산 영역도 직접 관통하고 있다. 평생직장에 거는 기대의 상실, 비정
규직 확대, 소득 수준의 저하, 주거난, 여가 격차, 실업의 위기, 미래
서사에 관한 불안이 맞물리면서 사람들은 자신의 일과 삶을 조화롭게
구성해내기 더욱 어려워지는 상황에 전면 노출됐다.

　이상적으로 여겨지던 남성 생계 부양자 모델Male breadwinner model은
해체된 지 오래다. 많은 사람들이 가족 생계를 꾸리기 위해 맞벌이를
해야 하는 현실에 놓이게 됐다. 이런 이유에서 '급격히' 증가한 맞벌이
형태는 개인의 선호나 선택만으로 설명할 수 없다. 경제 위기라는 상황
조건에서 가족 생계를 유지하려는 '불가피한' 선택이라 해야 할 것이다.

맞벌이 모델Dual earner model이 일반적인 가구 형태로 자리하게 되면서 예상하지 못한 문제들이 하나 둘씩 드러나기 시작했다. 여러 통계에서 알 수 있듯이 최근 여성의 경제 활동 참여율과 맞벌이 비율이 빠르게 증가했다. 여성의 경제 활동 참여율은 54.5퍼센트인데, 이 중 기혼자 비율이 절반에 이른다(2010년 기준). 맞벌이 가구는 배우자가 있는 가구 중 43.6퍼센트를 차지했다(2011년 기준). 이렇게 노동 시장으로 진출한 여성은 급격히 증가한 반면 가정 영역으로 들어간 남성은 아주 적었다. 남성의 변화 속도는 매우 느린 것이다. 가사노동의 불균형은 더욱 심화될 수밖에 없다.

혹실드(Hochschild 1997, 11~21)는 이것을 '지체된 혁명stalled revolution'이라고 일컫는다. 여기서 발생한 사회적 지체는 남성과 여성의 일과 삶에 모두 영향을 미쳤으며, 직접적으로는 여성의 이중 부담 문제를 가중시켰다(Hochschild 2001, 6; Gambels, Lewis and Rapoport 2006, 4). 삶을 소진해버릴 정도의 장시간 노동 문화와 여전히 견고한 성별 분업 이데올로기는 사회적 지체와 이중 부담을 더욱 고착시키기 마련이다. 이런 이유 때문에 여성들은 결혼이나 출산을 지연하거나 회피하는 것이다. 사회적 지체, 이중 부담은 고스란히 결혼 연령의 지연, 출산율 감소, 자발적 또는 비자발적 경력 단절로 전이돼 나타난다.

곡예사 같은 일과 삶의 줄타기는 많은 문제를 양산하며 사회적 쟁점이 됐다. 문제를 해결하려는 정책들도 대거 쏟아져 나왔다. '제4차 남녀고용평등과 일·가정 양립 기본 계획(2008~2012)', '제1차 저출산·고령사회 기본 계획(새로마지플랜 2010)', '제1차 건강가정 기본 계획(함께하는 가족 2010)' 등 최근 '가족 친화'와 '균형'이라는 이름으로 등장한 여러 정책은 이런 맥락에서 이해돼야 한다.[3]

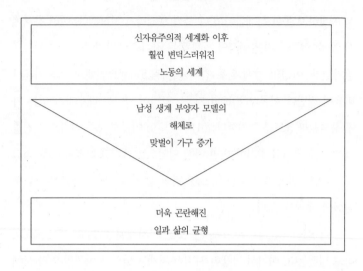

그림 1-2 일과 삶의 균형을 둘러싼 논의의 맥락

신자유주의적 세계화 이후
훨씬 변덕스러워진
노동의 세계

남성 생계 부양자 모델의
해체로
맞벌이 가구 증가

더욱 곤란해진
일과 삶의 균형

그러나 정책 체감 지수는 매우 낮다. 일상뿐 아니라 작업장의 맥락에서 프로그램의 실효성은 거의 영에 가깝다고 해도 지나치지 않다. 정책 효과가 낮고 현실 적합성이 떨어지는 원인은 복합적이다. 이를테면 여전히 경직된 조직 문화, 비용 부담을 이유로 대는 기업의 미온적인 태도, 동료들의 눈치, 여성을 국가 경쟁력 강화의 대상으로 취급하는 도구주의적 시각, 다른 문제는 뒤로한 채 저출산 문제에만 제한된 점, 유자녀 가족을 전제로 하는 탓에 다양한 노동자들의 이해를 담아내지 못하는 한계, 대기업 중심인 점 등 정책적, 조직적, 문화적, 개인적 차원의 여러 원인이 얽혀 있다. 이런 이유에서 소규모 회사원에게, 비정규직에게, 미혼자에게, 무자녀 기혼자에게 가족 친화를 표방하는 현재의 정책들은 그림의 떡에 지나지 않거나 남의 일로 여겨질 뿐이다.4

그림 1-3 일과 삶의 균형 정책의 실효성

쏟아지는 균형 정책들

일 · 가정 양립 기본 계획(2008~2012)

새로마지 플랜(2010)

함께하는 가족(2010)

건강가정지원센터 기업 인증 등

▽

실효성 문제

여전히 경직적인 조직 문화

비용 부담을 이유로 한 기업의 미온적 태도

동료들의 눈치와 두려움

여성을 국가 경쟁력 강화를 위한 대상으로 처리

저출산 문제에만 집중

유자녀 가족을 전제

대기업 중심

사람들은 현재의 프로그램으로는 균형을 달성하기 어렵다고 하소연한다. 출산 휴가나 육아 휴직이라는 제도는 있지만 실제로는 쓰기가 매우 어렵고(제도와 현실의 격차decoupling), 쓴다고 하더라도 인사 고과에서 감점을 감수해야 하는 상황이 비일비재하기 때문이다. 또한 "그만한 장려금에" 아이를 낳겠다는 경우는 없기 때문이다. 현실적으로 노동자들에게 '균형'은 도달하기 힘든 '불가능한 꿈'으로 여겨진다. 특히 여성들은 결혼과 출산을 무덤으로 생각하고 있고, 육아에 따른 경력 단절 career interruption, 나아가 사회적 단절에 두려움을 표시하기도 한다.

조직 문화는 개선되지 않은 채 여기저기서 쏟아지는 프로그램들은 이용자들이 하소연만 늘어놓게 하는 악순환을 낳는다. 정책 효과를 극대화하기 위해 가장 먼저 해야 할 작업은 무엇인가? 일터의 현실 맥락에 관한 이해를 높이려고 노력하면서 '국가 정책→기업 이해→조직 문화→개인 이해'로 이어지는 선순환 고리를 만들어야 할 것이다.

정책 효과를 극대화하는 선순환 고리를 만들려면 먼저 노동자들의 균형에 관한 인식을 파악하는 과정이 필요하다. 여기서는 노동자의 일 경험, 균형에 관한 인식, 이용 경험, 이용 시 애로 사항, 정책에 관한 기대 등을 물어봤다. 이런 질문을 통해 '균형'이라는 이름으로 시행되는 정책과 현실 사이의 격차를 진단한다. 그 뒤 일과 삶의 '균형'이란 무엇인지, 균형을 모색할 수 있는 방안은 무엇인지, 현실성 있는 프로그램은 무엇인지 가늠할 수 있을 것이다.

균형은 애초에 불가능하다

일과 삶의 균형에 관한 질문에 구술자 대부분이 보이는 첫인상은 "불가능하다"였다. 균형이 가능한지 반문하기도 했다. 그리고 '균형'에 관련된 구체적인 이야기를 이끌어내지 못했다. 균형이라는 개념이 현실적이지 못하다는 게 이유였다.

제 삶에서 일과 삶의 균형이 이루어진다면 놀라울 거 같은데요? 현실 가능한 일인지 지금으로서는 답을 모르겠어요. ……일 때문에 내 삶이 없으니까 불가능해요. ……일이 내 삶이라는 생각이 안 들어요. 일에서 보람을 느끼거나 행복을 느끼면 그런 생각을 안 할 것 같은데

36

어쩔 수 없이 경제적인 이유로만 일을 하니, ……다른 직장인들은 어떨까요. ……그래도 균형이라는 말하면 떠오르는 건 **'불가능하다'** 입니다. ……현실적으로 어려운 부분이라고 생각해요. 직장에 많이 얽매일 수밖에 없는 구조라서 삶의 여유를 찾기 어렵네요. 김은지

뭐, 솔직히 말하면, 아무 생각이 안 듭니다. 일과 삶이 균형이 될 수 있는 것인지도 궁금합니다. 살면서 어쩔 수 없이 해야 하는 것이 일이라면, 일과 삶의 관계를 균형이라고 말할 수 없지 않나 싶습니다. …… 뭐, 그래도 굳이 떠오르는 것을 꼽으라면, 여유로운, 성취감? 이런 것이 떠오르네요. 리지영

질문에 대한 정의 자체가 좀 어렵네요. ……일과 삶의 균형을 위한 프로그램이 구체적으로 어떤 것인지 머릿속에 그려지지가 않아요. ……회사에서는 보통 일도 잘하게 하고 집에서는 자녀들에게 관심도 가지게 하는 그런 것들인 것 같은데, 애매모호해요. 정확하게 인지가 안 돼요. 우성한

대부분의 구술자가 균형에 관해 상당히 부정적인 태도를 드러내고 어색해하는 모습을 보이는 상황에서, 한편으로는 균형을 이상화하는 경우도 발견된다. 균형을 이상화하는 이야기에서는 꿈이나 행복, 여유 같은 표현이 자주 발견됐으며, 균형 프로그램을 자기 계발의 도구 정도로 여기는 사례가 많았다. 이를테면 직장 내 동호회 활동을 한 경험은 삶의 질을 높이는 데 도움이 된다는 기대로 이어졌다.

회사에서 가장 많이 하는 게 동호회 지원입니다. 이를테면 야구나 사진 등. 회사에서 일만 하면 같은 팀 사람들만 알게 되는데, 동호회 활동을 하면서 타 팀과 커뮤니케이션도 할 수 있고, 일도 즐거워지고 ……회사 나가는 것도 즐거워요. 그런 부분이 없으면 일만 하는 기계가 되는 듯합니다. 강영식

하고 싶은 일을 하며, 보람을 느끼는 것, ……이루고 싶은 꿈인 것 같습니다. 리지영

마음의 평안, 즐거움, 건강함, 여유, 행복 등이 떠오릅니다. 우성한

칼퇴, 야근하지 않는 삶, 취미 생활 등이 떠올라요. 이민서

한편 일과 삶의 균형에 관해 여성하고 다른 남성 구술자의 독특한 태도가 발견된다. 그 태도는 '의무'다. 남성들은 일과 삶의 균형을 위해서 의무를 우선시했다. 여기서 말하는 의무는 가사 의무나 돌봄 의무도 아니요, 아버지다움이나 남편다움에 관련된 것도 아니다. 오로지 경제적인 의무를 가리킨다.

남성들의 경제적 의무에 관한 태도는 역설적으로 가사나 돌봄을 부차적인 것으로 합리화하고, 나아가 경제적 의무를 아버지다움이나 남편다움으로 등치시킨다. 남성들은 일을 이런 의무를 완수하기 위한 수단으로 여긴다. 특히 기혼 남성의 경우 경제적 의무감에 관한 태도는 강박적일 정도로 매우 높다.

나이에 따라서 다를 것 같은데 …… 현재 30대 중반이고 결혼을 해서 가정을 갖고 있기 때문에 의무감이 가장 클 거라 생각합니다. 강영식

솔직히 이야기하면, 개인의 일과 삶의 균형에 있어서 결혼은 부정적 영향을 주는 매우 중요한 요소인 것 같아요. …… 일과 삶의 균형이라는 문제는 가족 내지 결혼 관계 내에서의 구성원으로서의 의무와는 병립하기 어려운 여러 가지 특성을 지니고 있어요. 강성규

자녀를 가지고 있는 가장이라면, 자녀 교육에 대해 너무나 과중한 짐을 가지고 있어요. …… 결론적으로 일과 삶의 균형을 이루려는 데 있어 물질적인 여유로움과 시간적인 여유로움을 가질 수 없다는 것이 가장 어려운 점입니다. …… 나는 아내가 아이들과 함께 지내기를 바랍니다. 아내는 아이들과 함께 평안한 집안을 이루는 것이 가장 중요하다고 생각해요. 남편은 가정의 윤활유인 돈을 버는 역할을 하는 것이라 생각해요. 우성한

남자 같은 경우는 경제적인 면이 가장 큰 것 같아요. 대부분 30대 중반이면, ……가정 경제를 꾸려나가는데 초기에 매우 힘듭니다. 이를테면 대출을 많이 해 보금자리를 마련하는데, ……주택 대출 상환 기금 기간을 보다 길게 해 경제적 충격을 완화할 수 있는 장치들, ……10년이나 20년 뒤에도 갚게 할 수 있는 제도가 있으면 심리적 부담뿐만 아니라 경제적 부담, 가구 부담이 상당히 줄어들 수 있을 것 같아요. 강영식

경제적인 문제들인 것 같아요. ……가급적 경제적인 기준에 비춰 움직이고 있는 것 같아요. 그 경향은 결혼, 자녀 출산 이후 점점 강화되고 있는 것 같아요. 강성규

균형 프로그램들은 많은 경우 '기업'이라는 수로를 통해 노동자들과 대면한다. 여기서 고려해야 할 점은 소규모 업체나 비정규 노동자들은 자연스럽게 배제되고 있다는 현실이다. 이런 이유에서 소규모 업체나 비정규 노동자들이 가족 친화 프로그램에 관해 보이는 반응은 매한가지였다. "남의 일"로 여기는 경향이 높았다.

유연 근무를 통해 근무 시간을 조정하거나, 휴게 시설을 활용해 근무 시간 중 임신 피로를 줄이거나, 사내 탁아 시설을 설치해 육아 부담을 더는 제도적 장치들이 마련된다면 '균형'이 가능하다고 보지만, 현실적으로 그런 회사는 찾기 어렵다는 상실감이 팽배하다. 관련 프로그램은 대기업에만 해당한다는 박탈감이 크다.

정부 제도가 있어도 기업에서 활용하는 게 정말 어려워요. 어느 정도 규모가 되는 회사에서나 가능한 일인 것 같아요. ……지금 회사는 그런 혜택이 거의 없어요. 회사 규모가 굉장히 작으니 혜택을 받을 수 없어요. 석윤경

잠깐 일을 줄여서 육아를 할 수 있고 다시 일을 할 수 있는 그런 게 있으면 좋겠어요. 사실 그렇게 할 수 있는 회사가 적어요. 희망 사항인데 직장 내 어린이집이 있었으면 좋겠어요! 어린이집이 있으면 직장을 그만두지 않고 틈틈이 아이를 볼 수 있으니까요! 이러면 굳이 육아

때문에 일을 그만둘 필요가 없고, 삶의 만족도 높아질 것 같아요. 그런데 지금은 아예 그런 게 없잖아요. 석윤경

노동, 부정적 경험

"일에 치여 삶이란 게 없다." 월화수목금금금, 매일 야근에 시달리는 일 경험은 노동자들의 심신을 지치게 하기 마련이다(소진burn-out). 주말이면 밀린 잠을 보충하느라 급급한 현실에서 '균형'을 기획해내기란 여간 녹록치 않다. 남성이나 여성, 대기업 종사자나 중소기업 종사자, 정규직이나 비정규직 할 것 없이 일을 제외한 시간은 방전된 배터리를 충전하느라 급급하다고 하소연한다. 시간 제약과 심신의 피로 때문에 정서적 차원이든 문화적 차원이든 삶은 '결핍'돼 있다. 지금 하는 일이 생계를 위한 수단으로 여겨질 때 그 결핍은 더욱 크게 느껴진다(강수돌·하이데 2009, 259).

생활비를 벌어야 한다는 것이요. 하기 싫어도 생활비를 벌어야 하니 ……. 김은지

《국제 사회조사 프로그램》(2005) 자료를 이용해 국가별 노동관을 분석한 결과 미국(자아 실현형), 프랑스(보람 중시형), 일본(관계 지향형)하고 다르게 한국의 노동관은 생계 수단형으로 나타났다(최숙희 2008, 4). '일에 관한 흥미', '기술 향상의 기회', '일에 관한 만족도', '직장에 관한 충성심' 등 모든 항목에서 점수가 낮았다. 노동이 삶을 풍부하게

하기는커녕 그저 먹고살기 위한 생계 수단이 된 현실을 보여준다.

일이 먹고 살기 위해 '억지로' 하는 것으로 여겨지면서 '균형'은 애초에 '불가능한 것'이자 '듣기 좋은 허울'일 뿐이라고 이야기된다. 생계를 충족한 뒤에도 균형은 가능한 것으로 다가오기 힘들다. 한국 사회의 조직 문화, 업무 구조, 장시간 노동 현실에 관한 짙은 불신 탓이다. 생계를 충족한 '이후에는' 균형을 이끌어낼 수 있을 것이라는 가설은 여지없이 무너진다.

전반적으로 일이 삶에 미치는 부정적 영향이 상당히 높다. 또 다른 이유는 물리적으로 자유 시간이 부족하다는 점이다. 비어 있는, 한가로운 시간을 마련하기가 더욱 어렵다. 그래서 그런지 노동에서 해방된 자유 시간을 향한 요구가 상당히 강하다.

야근이 잦은 회사에서 정시 퇴근하는 회사로 이직한 어느 구술자는 "돈도 중요하지만 정시 퇴근이 주는 행복감이야말로 이루 표현할 수 없다"며 매우 흐뭇해했다. 이런 만족감은 유한킴벌리의 4조 교대제를 언급할 때도 자주 발견된다. 이를테면 생산직 노동자 김충환 씨는 3조 3교대제에 견줘 여유가 생겨 자기만의 시간을 가질 수 있게 됐고, 운동, 공부, 취미까지 즐기면서 생활이 풍요로워졌다고 말한다. 다람쥐 쳇바퀴 돌듯 허겁지겁 사는 게 아니라 스스로 장기 계획을 세울 수 있다는 것도 장점이라고 말한다(정혜원 2004, 62~65).[5]

가장 어려운 점은 바로 **시간**의 문제가 아닌가 싶습니다. 리지영

먹고 살아야 하니 때려치고 싶어도 때려치울 수도 없고, ……그것 때문에 삶도 없어요. 자기 성취 같은 건 전혀 없어요. ……현재의

일은 내게 좋은 영향을 끼치지는 않는 것 같아요. 김은지

일이 삶의 일부이기는 한데 일이 삶의 질을 충족시켜줄 만한 것은 아닌 것 같아요. 일과 삶의 관계를 생각해볼 때 일은 삶을 충족하게 한다는 생각이 들지 않아요. 그렇다고 일을 억지로 한다고 하기는 그렇지만, 극단적으로 말하면 **억지로** 하는 것입니다. 석윤경

일의 부정적 요소는 가정, 일상, 사회관계 영역까지 침투한다. 균형은 말할 것도 없이 그냥 "삶이 없다"고 말한다. 나아가 "모든 것이 엉망이 돼버렸다"는 상실감이 팽배하다. 어떤 사람은 작업장 밖 가정 영역에 미치는 부정적 영향뿐만 아니라 동료 관계 또한 실종됐다고 지적하면서, 직장에서 감정을 철회하기도 한다.

일정 시간만 일하면서 여유로운 삶을 누린다는 것은 뭔가 논리가 맞지 않는 일인 거 같습니다. 전 일하면서 학교를 다니고 싶었습니다. 퇴근 후에는 공부할 시간도 가졌으면 했고요! 그런데 회사에서 받는 정신적 스트레스는 퇴근 후 공부를 할 수 없게 만들었고, 공부는 바라지도 않아요. 가정생활을 할 수가 없게 됐어요! 결국 일을 그만둬야 하나 고민하게 됐고, 두 가지를 조화롭게 만들지 못하고 있습니다. 리지영

인사 총무의 전반적인 일을 담당하고 있습니다. 전체적으로 경직돼 있고 드라이해요. 다들 업무 로드가 많으니까 인간미가 없다고 해야 할까요. 일에 치여서 다들 예민해요. 김은지

업무가 우선시되고, 야근이 당연시되는 한국 사회의 '**업무 구조**'가 문제다. 이민서

주위에서 볼 때 책임자 포지션에 있는 사람들은 다 자기희생을 거친 사람들이에요. 시간적으로 투자해야 돼요. 가정생활하고 출퇴근 지키고, 중요한 것은 가정이라고 생각하면 결국 그만두게 되는 거예요. (정영금 1997)

장시간 노동을 이상적인 것으로 여기는 조직 문화에서 '삶'이 갖는 가치는 초라하기 그지없다. 야근과 특근이 비일비재한 장시간 노동 문화는 자의 반 타의 반 노동자의 희생을 반드시 수반하기 마련이다.

장시간 노동은 재생산 노동을 위한 시간적 여유나 심리적 또는 육체적 에너지를 거의 남겨두지 않는다. 장시간 노동 문화 속에서 맞벌이 부부는 이전처럼 '정상적인' 직장 생활을 할 수 있도록 가사나 돌봄 등 재생산 노동을 떠맡는 전담자를 잃어버리게 됐다. 바로 이 지점에서 다양한 문제가 발생한다.

첫째, 가사는 여성이 책임져야 한다는 고정 관념은 해체되지 않은 채로 여성의 노동 시장 진출이 높아지면서 여성의 이중 부담dual burden 문제가 제기됐다. 맞벌이여도 여성이 가사 노동을 전담한다는 통계를 어렵지 않게 확인할 수 있다. 여성의 이중 부담 문제는 재생산 노동의 주 담당자는 여성이어야 한다는 관념이 지배적인 곳에서 두드러지게 나타난다(신경아 1999, 79; Lewis and Cooper 2005; Jacobs and Gerson 2010, 167~174).

둘째, 여성의 이중 부담은 한편으로는 결혼이나 출산을 지연 또는 회피하는 경향으로 전이되고, 다른 한편으로는 노동 시장을 벗어나는

여성의 자발적 또는 비자발적 이탈로 이어진다. 결혼, 출산, 육아가 집중적으로 일어나는 20대 중반과 후반에서 30대 중반에 여성의 경제 활동 참여율이 최저치를 기록하는 것은 이런 맥락에서 이해돼야 한다.[6]

업무량 베이스로 움직이니깐 휴일에도, 휴가 때도, 명절 기간에도, 퇴근 시간 이후에도 그 업무를 처리해야 해요. ……우리 같은 경우 클라이언트의 요구에 굉장히 민감한 을의 입장이라서 휴가 같은 건 내놓고도 못쓰고 내 놓지도 못하고 그래요. ……'내일 아침 출근하기 전까지 보내줘요'라거나 '해보셨습니까, 어떻게든 하셔야죠!', '저희 랑 일하고 싶은 마음이 없으신가 보군요'라는 말이 일상적인데, 휴가 고 뭐고 삶이 없죠! 박주희

누구나 현실 속에서는 노동을 생존을 위한 불가피한 선택 내지 강요로 느끼게 됩니다. ……일과 삶의 균형이라는 말은 **현실에서는 도저히 추구될 수 없는 꿈같은 소리**로 느껴집니다. ……실제로 우리 사회에 서 일과 삶의 균형을 고민하거나 추구하는 사람들이 몇 명이나 될까 요? 강성규

일이 여유로워야 생활도 즐길 수 있고, 충실한 가정을 이룰 수 있는 기반이 되는 것 같아요. ……가사도 마찬가지예요. 회사 업무가 여유 로워야 가사 분담도 가능한 일이라고 봐요. ……아이와 놀아준다든가 ……여행을 간다든가. ……여가 시간 총량이 많아야지 그렇지 않으 면 모든 게 힘들어요. 그만큼 일이 중요한 것 같아요. 하고 싶어도 그런 여건이 되지 않으면 어렵잖아요. 그런 여건이 돼야 할 것 같아요.

가사나 육아는 시간이 있으면 당연히 해야 하는 것이라고 생각합니다. 남의 자식 키우는 것도 아니니……. 너무 바쁘고 일이 많은 사람이면 직장 생활에 매여서 마음이 있어도 함께 하지 못하는 경우가 허다하죠. 시간을 얼마큼 가질 수 있느냐가 관건인 듯합니다. 석윤경

일과 삶의 균형은 단순히 질병이나 스트레스가 없는 삶을 목표로 하기보다는 좀더 적극적인 수준의 '웰빙'을 지향한다. 나아가 개인 차원의 웰빙뿐 아니라 사회적이고 문화적인 웰빙까지 포함한다. 이런 이유에서 일과 삶의 균형을 제약하는 장시간 노동이 먼저 개선돼야 한다.

두려움이라는 감정

출산과 육아의 두려움은 미혼이나 무자녀 여성에게도 빈도 높게 발견된다. 그 경향은 남성들보다 뚜렷하게 높다. 여성들에게 육아와 일을 '병행'하는 것은 참으로 힘든 것으로 받아들여지고, 병행하더라도 그것은 허겁지겁 꾸려나가는 것일 가능성이 높다고 지적한다. '미친년 널뛰듯' 산다고 자조 섞인 푸념을 하는 사람도 있다.

혹실드는 가족 친화적인 회사를 참여 관찰하면서 발견한 독특한 역설 중 하나로 노동자들이 회사에서 보내는 시간을 선호할 만한 대안으로 여기는 모습을 든다(Hochschild 2001, 197~218).[7] 이를테면 여성들은 지긋지긋한 설거지(2교대second shift)나 시도 때도 없이 계속되는 아이들의 칭얼거림(3교대third shift)으로 가득한 집을 떠나 산뜻한 분위기의 일터로 향한다. 불평등한 가사 분담 때문에 가정은 더는 세상의 험한 풍파를

막아줄 천국이 아니다. 가정은 통제하기 어려운 영역이라는 인식 때문에 여성들은 일터로 도망친다. 집을 떠나 있는 편이 낫다는 생각에 연장 근무를 신청하거나 회사에서 제공하는 가족 친화 프로그램을 자발적으로 포기하기도 한다. 직장 여성에게 가정은 '휴식respite'의 장소(Mallett 2004, 69~73)라기보다는 2교대, 3교대 노동으로 여겨지기 때문이다.

> 앞으로 아이를 가지려고 하는데, 아이를 가졌을 때 일과 육아를 맞물리기가 쉽지 않죠. **둘 중 하나를 포기해야 해요.** ……**두려움**이 앞섭니다. 현재 시점에서는 아이를 낳아야 하는 것 때문에 일을 포기해야 한다는 점. ……지금은 아이를 위해서 일을 포기하는 것이 내 선택이지만…… 몇 년 후 일을 할 때는 선택할 수 있는 여지와 폭이 너무 작다는 점. 다시 일을 할 수 있을지도 모르겠고, ……어디로 들어갈지 ……경력 단절이 큰 것 같아요. 석윤경

출산이나 육아를 이유로 노동 시장을 떠난 여성들은 자신의 노동자 지위를 불안해하고, 재취업 때 하향 이동을 할 수밖에 없는 노동 현실 속에서 두려움에 휩싸인다(신경아 1999, 77~79). 두려움이라는 감정은 출산과 육아의 부담보다는 육아가 끝난 뒤 어떤 일을 할 수 있을까 하는 막막함에서 더 크게 생겨난다.

보통 육아 부담 때문에 많은 여성들이 출산을 지연하거나 회피한다고 생각하는데, 실제로는 '육아→경력 단절→사회 단절'을 더 두려워한다. 출산 지연이나 회피에는 육아로 환원될 수 없는, 미래가 주는 두려움이 짙게 반영돼 있다. 노동 시장이 불안정해지면서 경력 단절과 사회 단절의 불안이 배가됐기 때문이다. 따라서 육아 정책은 만병통치

약이 아니다. 경력 단절과 사회 단절을 해소할 수 있는 일자리 정책과 남성주의적 장시간 노동 문화를 개선하는 정책이 함께 추진돼야 하는 이유가 바로 이것이다.

한편 육아휴직 이후 복귀하더라도 작업장에 팽배한 차가운 시선은 당사자에게 큰 부담으로 다가온다.

> 뒤에서 다들 그래요. 아줌마 다 됐다고. ……아니 농담 반 진담 반 대놓고 말하기도 해요. 아줌마라고! 박주희

'아줌마 다 됐어!'나 '땡 치면 퇴근해야지!'라는 낙인과 빈정거림은 성차별 담론(마미 트랙)과 젠더 불평등gender inequality을 재생산한다. 여기에 성과 장치는 역설적으로 성차별적인 효과를 강화하는데,[8] 이것이 육아 휴직을 사용하는 과정에서 발생하는 두려움의 구조적 원인이기도 하다. 이 두려움은 제도와 현실 사이의 격차를 더 벌린다.

팀워크가 부른 미안함

일과 삶의 균형 프로그램을 제대로 사용하지 못하는 데는 동료에 관한 미안함, 상사가 주는 눈치 등이 복잡하게 얽혀 있다.

> 휴가는 미안한 감이 많이 들어요. 쉴 때도 눈치 봐야 되고, ……**눈치가 보여요. 윗사람뿐만 아니라 주변 사람들한테도 그래요.** 쉴 때는 쉬는 거잖아요. ……그런데 그렇게 생각을 안 해주니까. ……당연한 권리

인데 그걸 내세우기가 쉽지 않아요. 사실 월차도 눈치가 보여요. ……
여자는 보건 휴가가 있잖아요. 이것도 되게 눈치가 보여요. 지금은
거의 쓰지 않아요. 눈치 보이니까, 거의 안 써요. 석윤경

휴가를 내면 다른 사람이 그 일을 분담해야 하기 때문에, ……이를테
면 결혼 휴가를 가면 내심 축하를 하지만 업무 비중이 늘어나기 때문
에 내심 싫어해요. 강영식

일과 삶의 균형을 위한 프로그램들이 대대적으로 쏟아지고 있지
만, 동료에게 느끼는 미안함이나 상사가 주는 눈치가 복합적으로 얽혀
있는 작업장의 맥락에서 노동자들은 이런 프로그램을 적극적으로 '선
택'하기 어렵다. 성차별적인 문화(직업 정신이 투철하지 못하다는 낙인,
이를테면 마미 트랙, '땡녀', '아줌마')나 장시간 노동 문화(늦게까지 일
하는 것을 이상화하고 '칼퇴근=승진 포기'로 여기는 작업장 문화) 등의
요인 못지않게 고려해야 할 점은 팀제 같은 업무 프로세스에서 동료에
게 미안한 감정이 드는 경우가 많다는 사실이다. 이런 왠지 모를 미안함
은 팀워크 방식이나 대체 인력의 부재 같은 업무 구조에서 비롯된 것이
다. 내가 가는 휴가가 동료에게 부담을 주는 이런 업무 구조에서는 균형
정책이 애초부터 제대로 시행되기 어렵다. 균형 정책과 함께 대체 인력
풀제가 반드시 병행돼야 한다는 지적은 이런 이유에서 나온 것이다.

대부분 팀으로 하는 업무이기 때문에……어느 땐가 미리 신청한 여름
휴가 동안에 갑자기 컴플레인이 들어와 급하게 회사에 나간 적이 있어
요. ……하루면 모르겠는데 며칠씩 동료가 대신 할 수는 없는 일이에

요, ……기본적으로 회사 일은 내가 시간을 내지 않을 경우 다른 사람에게 피해가 가는 구조이기 때문에 쉽지 않아요. 이민서

바쁠 때는 주변 동료들에게 미안함이 드네요. ……휴가나 이런 거 갔다 오면……보통 그렇지 않나……장기간 휴가 갔다 오면 자기 일을 대신 해주니까. ……자기 파트가 있는데, ……제품 관련해서 문제가 발생했다거나……그런데 내가 없고 다른 사람이 해줘야 하니까. 우성한

연초에는 그만두는 것도 어려워요! **각 팀에 한 해의 업무 할당이 연초에 이뤄지는데** 한 사람이 그만두게 되면 업무량은 그대로인데 그걸 n분의 1로 나눠야 하기 때문에 부담이 많아지죠. 팀제로 그만둘 때조차 그만두는 시기 때문에 눈치를 본다니까요. ……내가 그만두면 누군가는 더 고생하겠구나 하는 미안한 마음이 들기도 하고요. ……실제 그만둘 때 "인정머리 없다"거나 "참 이기적이다"라고 대놓고 이야기한다니까요. 박주희

정책과 현실 사이의 격차

균형 프로그램 중에서 시간을 자율적으로 활용할 수 있고 경력 단절을 최소화할 수 있다는 측면에서 탄력 근무제가 자주 언급된다. 그러나 업무가 팀제나 도급제 방식으로 진행되는 경우, 탄력 근무제는 별 효력이 없다. 실제로 탄력 근무제의 활용도는 아주 제한된다(김경희 외 2008, 25).[9] 관련 프로그램들도 형식적 차원에 머물고 있다. 반감도 크다.

프로그램을 사용해본 적이 없어요! 휴가는 쓰긴 쓰는데 그런 거 장려하는 것도 없고 안 해봤어요! 어떤 프로그램이 있는지도 잘 모르고, 있다고 한들 시간 여유가 있을지 모르고, 일에 치여 사는데 무슨……. 공공 기관이라 다른 데보다 여유가 있을 텐데! 김은지

유연 근무제는 언제 나오든 **업무량**을 맞춰야 하니 큰 이점은 없고, 휴가 역시 일 있으면 휴가 신청하고도 나오니까 이점은 없어요. 이민서

사이버 교육 같은 프로그램이 있지만, 두어 달 동안 책 두 권 보고 시험을 보는 것에 그치는 **형식적인** 것이어서, 큰 도움이 되지 않았습니다. ……수많은 사람들이 함께 일하는 회사에서는 개인에게 맞춘 프로그램을 제공하기가 쉽지 않습니다. 리지영

내게는 쓸모가 없다는 자조 섞인 목소리도 발견된다. '싱글만 당직 서야 한다는 반감이 그렇다. 균형이라는 이름으로 제시되는 많은 프로그램에 관해 느끼는 불편한 감정을 엿볼 수 있다. 자녀 있는 가족을 중심으로 하는, 특히 5세 미만의 가족에 집중된 현재의 정책은 다른 기혼 여성(무자녀 또는 5세 이상의 자녀를 가진 경우)의 반감을 불러일으키고, 나아가 작업장 안에서 여성들 사이의 갈등을 조장할 가능성도 배제할 수 없다. 균형 프로그램을 더 세분해야 하는 이유가 여기에 있다.

복지 정책에서도 항상 아이가 있는 기혼자가 가장 많은 혜택을 보는 편입니다. 아이가 없는 기혼자나 미혼자는 회사의 복지 정책에서도 큰 도움을 받지 못하는 일이 많지요. **이럴 때는 정말 화가 나기도**

합니다. ……이것처럼 일과 삶의 균형 프로그램도 다수 중심으로 진행되다 보니, 간혹 동아리 지원 같은 일이 있을 때도 스포츠 동아리가 많이 형성되고, 주말 산행이나 체육 대회 등 아웃 스포츠 활동이 많은 경향이 있습니다. 리지영

동호회 활동에 경비를 지원하는 경우가 있어요. 전 집이 멀어 혜택을 누릴 게 없어요. 출퇴근하는 데 시간이 오래 걸려서요. 우성한

·

아무리 좋은 정책이라도 작업장 문화가 '열악한' 상황이라면 '좋은' 정책으로 뿌리내리기 어렵다. 정부 정책, 기업 현실, 작업장 분위기, 권리에 관한 태도, 정책에 관한 신뢰 등이 선순환해야 '좋은' 정책으로 꽃피울 수 있다. 균형 정책과 더불어 기업 문화나 노동 관행을 개선하려는 노력이 반드시 뒤따라야 하고, 권리에 관한 인식을 제고하는 동시에 사회적이고 문화적인 분위기를 조성하는 일이 종합적으로 고려돼야 한다(Gambels, Lewis and Rapoport 2006, 5)는 지적은 되새길 만하다. 쏟아지는 균형 프로그램들이 현실 적합성 없는 공급주의적 정책에 그친다는 비판이 제기되는 것은 이런 총체적인 노력이 함께하지 못하기 때문이다.

만약 육아 휴직을 쓰고 싶다 그러면 대체 인력이 있어야 하는데, 후임을 뽑고 관둬야 해요. **육아 휴직을 쓰는 것 자체가 어렵죠.** 정부 제도가 있어도 기업에서 활용하는 게 정말 어려워요. 육아 휴직을 쓴다고 회사에서 그만두라고 하지는 않는데, 그만둘 수밖에 없어요. 후임을 뽑으면 다시 돌아올 수가 없잖아요. 그리고 복귀하는 경우가 거의 없는 것 같아요. ……사실 1~2년 만으로 아이를 키울 수 없잖아요.

그리고 그만큼 육아 휴직을 주는 데도 없어요. 길게 줘봐야 2년을 주는데, 그 기간만 쓰고 복귀하는 게 쉽지 않아 복귀를 포기하는 경우가 제 주변에 많이 있어요. 석윤경

참고 — 구술자의 특성

구술자는 모두 8명으로, 남성이 3명이고 여성이 5명이다. 먼저 여성들의 특성을 살펴보자. 김은지 씨(31)는 평생 교육 기관에서 비정규로 인사와 총무 업무를 담당하고 있다. 부서의 인원은 10여 명이다. 업무 부담이 많지만, 직원들 사이의 소통이 활발한 편은 아니어서 분위기는 경직되고 건조한 편이다. 김 씨는 현재의 작업장 분위기와 일에 관해 매우 부정적이다. 석윤경 씨(32)는 국내외 판매 유통 회사에서 정규직으로 회계 업무를 맡고 있다. 직원들 사이의 관계가 돈독한 편이다. 소규모 업체라 기업 복지가 좋지는 않지만 그나마 칼퇴근은 보장돼 만족하고 있다. 리지영 씨(36)는 게임 개발 지원 기관에서 프로그램을 구축하고 관리한다. 결혼 8년차의 무자녀로, 직장 생활과 학업을 병행하고 있다. 이민서 씨(35)는 피아르 컨설팅 회사에서 일하는 12년차 관리직이다. 업무 특성상 야근이 잦다. 박주희 씨(31)는 외국계 회사에서 마케팅 조사 업무를 맡고 있다. 야근이 일상이고, 클라이언트의 요구에 따라 주말에 출근하는 일이 많다.

표 1-2 구술자의 특성

이름	나이	성별	결혼 여부	자녀 유무	회사 특성과 업무 내용	경력 (년)	연봉 (천)	학력	특징	비고
김은지	31	여	미혼	무	평생 교육 기관 인사 총무	3	3	대학원 졸	비정규 공공 기관	하기 싫은 일 억지로
석윤경	32	여	기혼 (3년)	무	판매 유통 회사 회계 사무	5	3	대졸	소기업	규모 있는 회사의 일이다!
리지영	36	여	기혼 (8년)	무	게임 개발 지원 프로그램 구축	9	–	대학원 졸	여성 전문직	나는 상관없어! 화나!
이민서	35	여	기혼 (5년)	유 (4살)	PR 컨설팅 PR 플래닝	12	4	대졸	여성 관리직	수시 야근 시간 없다
박주희	31	여	기혼 (1년)	무	조사 회사 조사 업무	2	3	대졸	과도 노동	삶이 없다 강도 높다
우성한	38	남	기혼 (2년)	유 (1살)	대기업 제조업 연구 개발	10	4	대졸	대기업 개발직	남잔 돈 벌어야!
강영식	36	남	기혼 (3년)	무	대기업 전산 개발 관리	7	4	대졸	파견직	'노 타치'
강성규	38	남	기혼 (9년)	유 (7살, 4살)	노무 법인 노무	13	5	대학원 졸	남성 전문직	수시 야근 시간 없다

남성들의 특성을 살펴보자. 우성한 씨(38)는 대기업에서 전자 부품 관련 연구와 개발을 담당하는 10년차 정규직이다. 아내는 전업주부이면 하는 바람을 갖고 있고, 가족의 생계는 남자가 챙겨야 한다는 신념이 강하다. 가정은 자고로 휴식처여야 한다고 생각한다. 강영식 씨(36)는 대기업에서 전산을 개발하고 관리하는 7년차 파견직이다. 임금, 노동 시간, 기업 복지, 직장 내부 관계에 대체로 만족하고 있다. 회사 동호회 활동에 적극적이다. 강성규 씨(38)는 10~12명 규모의 전국 단위 노무 법인에서 일하는 13년차 노무사다. 결혼 9년차로 자녀 2명을 두고 있으며, 일과 삶의 균형은 불가능하다고 이야기한다.

구술은 '일과 삶의 균형이라는 말을 들었을 때 가장 먼저 떠오르는 것'에 관한 질문을 시작으로, '일과 삶이 균형을 잡는 데 어려운 점', '일과 삶의 균형을 위한 배우자의 구실', '자신의 전략', '회사의 일과 삶의 균형 프로그램', '사용 경험', '이용 때 애로 사항', '회사에 하고 싶은 요구', '요구되는 정책' 등에 관해 자유롭게 이야기하며 진행했다.

02

과로 사회, 어떻게 볼 것인가

1. 장시간 노동이라는 모순 덩어리

장시간 노동 관행이 계속되는 원인은 복잡다단하다. 첫째, 뼛속 깊이 뿌리박힌 구조적이고 문화적인 원인으로 여전히 지속되고 있는 '저임금 구조'과 '장시간 노동 신화'를 들 수 있다. 둘째, 작업장 맥락에서 '성과 장치'와 '노동자 분할'은 장시간 노동을 추동하는 핵심 요인이다. 셋째, '생산성 담론'은 지배적 위치를 차지하며 강력한 힘을 행사해왔다. 최근 경쟁력 담론으로 진화해 장시간 노동을 영속화하는 데 기여하고 있다. 반면 시간 권리를 향한 '대항 담론'은 힘을 제대로 발휘하지 못했다. 마지막으로, 역사적 상황 조건으로서 경제 위기 이후 불어닥친 '상시적 구조 조정'은 자유 시간의 가치를 여지없이 파편화했다.

덧붙여 정부의 정책적 방조라고 말할 수 있는 '종이호랑이식 규제' 또한 장시간 노동 관행을 해체하지 못하게 만드는 장애물이기도 하다. 과로 사회의 장시간 노동은 이렇게 여러 원인이 중층으로 얽혀 있는 모순 덩어리다. 장시간 노동을 총체적으로 분석해야 할 필요성이 여기에 있다.

미용실 원장이 8시면 어김없이 '칼퇴근'하는 종업원을 폭행한 사건이 있었다. 세븐일레븐을 긍지로 여기던 미용실 원장은 칼같이 퇴근하는 종업원이 마음에 들지 않은 모양이다(《국민일보》 2007년 1월 28일).

아주 예외적인 사건 같지만 장시간 노동 관행이 만연한 한국 사회의 이면을 잘 보여주는 사례다. 우리 일터에는 장시간 노동을 긍지로 여기는 세대와 칼퇴근을 원하는 세대 사이의 시간 갈등이 첨예하다. 한편에서는 '장시간 노동'을 '이상적인 노동자'로 여기는 규범과 우리가 알게 모르게 신봉하는 '종일 일해야 한다'는 통념이 여전히 강력하게 작동하고 있고, 다른 한편에서는 내 시간, 가족 시간, 여가 시간을 찾으려는 욕망이 하나둘씩 들어서면서 빚어진 갈등이다(《일다》 2008년 9월 3일).

그렇지만 장시간 노동 관행이 워낙 굳건한 터라 칼퇴근을 하는 사람들은 일탈자deviant로 처리되기 마련이다. 장시간 노동을 이상적인 것 또는 생산적인 것, 나아가 정상적인 것으로 여기는 탓에 칼퇴근을 평가 절하하는 분위기가 생겨난다. 여기에는 정시가 되면 퇴근하는 사람들을 이른바 '땡녀'라는 공격적인 단어로 부르는 작업이 동반된다. 땡녀라는 언표는 칼퇴근하는 사람을 일탈자로 비하하는 낙인이다. 여기서 '녀'는 생물학적인 여성만을 지칭하는 게 아니다. '땡녀'라는 낙인이 팽배한 작업장에서 정시 퇴근하기란 여간 쉽지 않은 일이다.

땡녀라는 낙인은 '땡녀' 불도장이 찍힌 당사자뿐 아니라 땡녀라고 말하는 사람들도 피해자로 만든다. 이런저런 일로 칼퇴근해야 할 일이 생겨도 칼퇴근은 곤란하다. 나도 '땡녀'로 불리지 않을까 하는 두려움에 눈치를 보기 때문이다. 땡녀는 왕따하고 유사한 방식으로 작동한다.

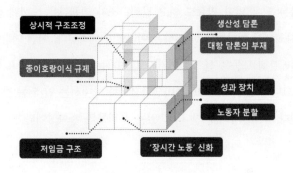

그림 2-1 장시간 노동의 원인

상시적 구조조정

생산성 담론

대항 담론의 부재

종이호랑이식 규제

성과 장치

노동자 분할

저임금 구조

'장시간 노동' 신화

왕따 현상처럼 다른 동료들을 두려움에 떨게 하는 효과를 낳는다. 사람들은 두려움에 칼퇴근의 위험을 감수하기보다는 알아서 '눈치' 야근하는 게 상책이라고 여긴다. 그게 합리적인 선택이 된다. 장시간 노동 신화는 이렇게 우리 전부를 스스로 착취하게 하는 힘을 가진다.

'마미 트랙mommy track'도 마찬가지다. 마미 트랙은 자녀를 둔 여성은 육아를 위해 출퇴근 시간을 조정하는 대신 승진이나 승급의 기회는 포기해야 하는 분리된 트랙을 밟게 된다는 의미다(Schwartz 1989). 육아를 하려고 휴직계를 내면 주위 동료들은 농담 반 진담 반으로 "아줌마 다 됐네! 아줌마 다 됐어!"라고 농을 건넨다. '아줌마'라는 표현 속에는 이제 당신은 마미 트랙을 밟는다는 의미가 전제돼 있다. 농을 건넨 나는 마미 트랙이 아닌 성공 가도fast track를 위해 늦은 밤까지 일할 자세가 돼 있다는 뉘앙스를 깔고 있다. 땡녀, 마미 트랙, 아줌마, 일탈자, 충성스럽지 못한 직원, 이등 시민이라는 표현은 장시간 노동을 당연시하는 남성주의적 노동 문화의 뒤틀린 모습을 보여주고 있다.

장시간 노동 신화는 여가를 혐오하는 태도로 연결된다. 2주 휴가를 신청하는 일은 말할 필요도 없고 칼퇴근조차 죄책감을 느끼게 한다. 과로 사회에서 여가를 향한 지향은 여지없이 위축된다. 이런 맥락에서 세븐일레븐형 노동은 선으로 여겨지고, 여가는 '불필요한' 것으로 재단된다. 그나마 남는 시간 또한 비생산적으로 보내서는 안 되는 것으로 처리된다. 과로 사회에 발 딛고 있는 우리들의 자화상이다.

저임금 구조

하루 8시간 기준으로 일급을 계산하면 3만 8880원. 1주 40시간 기준(209시간)으로 월급을 계산하면 101만 5740원.

2013년 기준 최저 임금 4860원으로 계산한 결과다. "한 시간 동안 땀 삐질삐질 흘려가며 일해도 내가 받는 시급으로는 내가 만든 아메리카노 한 잔 마시지 못한다"는 어느 알바생의 하소연은 현재의 임금 구조가 정상적이지 않다는 사실을 보여준다. 시간당 임금이 한 끼 밥값도 안 될 정도로 적다. 이런 최저 임금 노동자 규모는 전체의 14.7퍼센트인 258만 명에 육박한다. 여기에 최저 임금 수준에도 미치지 못하는 노동자가 170만 명에 이른다. 월급이 120만 원 미만인 저임금 노동자는 470만 명에 이른다. OECD 국가 중 가장 높은 비율이다(김유선 2012; 임복남 2012).

최저 임금은 평균 임금의 30퍼센트 수준으로 절반에도 못 미치고 있는 실정이다. 고용노동부 자료에 따르면, 전체 노동자의 평균 임금은 284만 3545원으로 최저 임금 76만 1616원보다 무려 208만 1929원이

표 2-1 최저 임금 추이

연도	2001	2005	2006	2007	2008	2009	2010	2011	2012	2013
시급(원)	1,865	2,840	3,100	3,480	3,770	4,000	4,110	4,320	4,580	4,860
인상률(%)	16.6	13.1	9.2	12.3	8.3	6.1	2.75	5.1	6.0	6.1

* 최저임금위원회(www.minimumwage.go.kr)

많았다(2011년 기준). 터무니없이 낮은 수준의 최저 임금으로는 필수 의식주를 해결하는 데도 빠듯하다. 최소한의 생활을 보장할 수 있는 임금 수준이 되려면 최저 임금을 평균 임금의 50~60퍼센트 수준에는 맞춰야 한다.[1] OECD는 최저 임금 산정 기준으로 평균 임금의 50퍼센트를, 유럽연합EU은 60퍼센트를 권고하고 있다.

최저 임금의 수준처럼 임금 수준도 워낙 낮다. 저임금 구조는 오랜 역사를 갖고 있다. 1960~70년대는 '생산성 임금'이라는 원칙 아래 임금을 소비자 물가와 생산성 증가율의 합계보다 낮은 수준으로 제한했다. 이때 임금은 기업의 요소 비용으로 여겨질 뿐이었다(김재원 1989, 351). 1980년대 초반에는 물가 상승을 통제하기 위한 안정책의 하나로 공무원 임금의 인상률과 같은 수준에서 인상률을 제한했다. 1980년대 후반에는 정권이 행정 조직을 총동원해 임금 인상을 억제하기도 했다. 이를테면 경제기획원을 비롯한 대부분의 정부 부처가 직접적인 임금 관리 기구가 돼 행정력을 동원했고, 정권은 어떤 희생을 치르더라도 한 자릿수 임금 인상 원칙을 고수하라고 강요했다. 1960~80년대 병영적 통제 시기에 국가가 폭력적으로 고착시킨 저임금 구조는 장시간 노동의 모함수로서 반드시 폐기돼야 할 구시대의 유물이다. 과거의 모순을 고스란히 껴안고 있는 저임금 구조는 현재까지 이어지고 있다.

저임금은 구조적 필요인 것처럼 여겨진다. 저임금 구조는 해체되지 않고 사회적으로 약한 집단, 곧 비정규직, 여성, 이주 노동자, 노인, 청소년, 장애인에게 전이돼 나타난다. 이를테면 최근 두드러지고 있는 비정규직의 여성화, '최저 임금의 여성화' 문제는 저임금의 전이 현상을 고스란히 보여주는 대목이다.

여성 임금 노동자 중 저임금 노동자 비율은 42.7퍼센트에 육박한다(《여성신문》 2012년 6월 15일). 기혼 여성의 저임금 노동자 비율은 58.1퍼센트에 이른다. 연령이 높아질수록 저임금 노동자의 비중은 더 커진다(한국노동연구원 2012). 2010년 국제노동기구ILO 기준으로 전체 저임금 노동자 비율이 25퍼센트인 것을 감안하면, 여성 저임금 노동자 비율은 꽤 높은 편이다. 신자유주의 세계화 이후 빈곤의 여성화는 저임금의 전이 현상과 맞물리면서 빠르게 진행되고 있다.

기업들은 매우 낮은 기본급 구조에 기대고 있기 때문에, 노동자들의 초과 노동을 적극 활용해도 기업 전체 차원에서 인건비 부담을 그리 크게 느끼지 않는다. 기업들은 저임금 구조에 기대 가격 경쟁력을 유지해왔다고 해도 과언이 아니다.

뒤에서도 이야기하겠지만 경제 위기 이후 기업들은 구조 조정의 파도를 타고 기본급 비중을 계속 낮췄다. 기본급 비중이 30~40퍼센트까지 떨어진 사례가 비일비재하다. 나머지는 변동급으로 채워진다. 특히 건수별 수당이 임금의 많은 부분을 차지하는 보험, 판매, 택배, 운송 등의 경우 기본급 비중은 턱없이 낮다. 기본급 비중이 감소하는 현상에는 임금 유연화의 핵심이 담겨 있다('줄어든' 기본급+'높아진' 수당). 10년 전하고 똑같은 300만 원의 급여라고 하더라도 급여의 구성은 10년 전하고 전혀 다른 것이다.

성과 장치

경제 위기 이후 "벌 수 있을 때 벌어야 한다!"는 강박이 만연하면서 사람들은 늦은 시간이고 휴일이고 상관없이 잔업과 특근에 시달리게 됐다. "특근하면 쌀 한 가마니가 생긴다!"고들 한다. 평일에는 근태하더라도 휴일에 특근하는 게 더 합리적인 선택으로 여겨질 정도다. "여보! 주말에 영화 보러 갈까!"라든가 "아빠! 강화도로 갯벌로 놀러 가자!"라는 말은 뜬구름 잡기에 불과한 비합리적인 선택이 된다. 가족 시간이나 개인 시간, 여가 시간은 우선순위에서 자연스럽게 뒤로 밀린다.

입사 10년차인 ㅂ씨의 경우 기본급은 105만원, 잔업 80시간(잔업수당 56만 2천원), 특근 48시간(특근수당 33만 7천원)이다. 한 달 128시간에 이르는 잔업·특근에 기대 생계를 꾸려가고 있다.

입사 13년차인 ㄱ씨의 잔업시간은 79.5시간, 특근시간은 36시간이다. 기본급은 122만원에 지나지 않는다. 그 역시 115.5시간의 잔업·특근 덕에 그나마 한 달 250만원 안팎의 임금을 받고 있다.

무엇보다 기본급이 워낙 적은 저임금구조 때문에 가족생계비를 벌려면 어쩔 수 없이 잔업·특근에 매달려야 한다. 또 정규노동시간 외에 잔업·야간·휴일 노동을 하면 정상임금의 50%를 할증임금으로 더 받고, 3시간 일해도 단체협약에 따라 3.5시간이나 4시간 일한 것으로 쳐준다. 똑같은 시간을 일해도 정규시간보다 많은 시간당 임금을 벌 수 있다는 유혹도 작용한다.

다른 사람들보다 상대적으로 잔업(39시간)·특근(12시간)이 적은 한 아무개(50)씨 얼굴에 걱정스러운 표정이 역력했다. "1주일씩

돌아가는 주·야간 교대근무로만으로는 도저히 가족생계비를 댈 수 없어요." "날마다 연장근로도 하고, 한 달에 휴일특근을 두 개 정도는 해야 하는데 … 지난달에 특근을 하나도 못했어요."(《한겨레21》 2003년 3월 14일)

기본급이 10이라면 특근수당이 20~30 정도 나왔으니까 특근에 재미를 붙인 사람은 특근 없이 어떻게 사느냐는 말까지 할 정도였는걸요.(정혜원 2004, 14)

성과급은 소득을 극대화하려는 개별 노동자의 이해와 공장을 끊임없이 가동하려는 기업의 이해가 맞아떨어지는 지점이다. 성과급은 노동자들에게 더 많은 돈을 가져다주는 수단인 한편, 기업에게는 유연성을 높이는 효과적인 장치다. 특히 기업은 비용 절감 차원에서 신규 채용을 최소화하고 차라리 기존 노동력의 장시간 노동을 적극 활용하려 한다(김형민 2009, 78). 성과급을 더 주더라도 세 사람이 할 일을 장시간 일하는 2명에게 할당하는 게 값싸기 때문이다. 성과급을 매개로 계속되고 있는 장시간 노동 관행은 본질적으로 노동자를 착취하는 수단이자 일자리를 수탈하는 방식이다.

경쟁과 성과에 관해 오랫동안 분석한 미국의 교육심리학자 알피콘(Kohn 1993; 2009)은 인센티브는 동기 부여의 수단으로 작용하기보다는 개개인의 이익을 앞세우기 때문에 의도하지 않게 동료 관계를 해치는 부작용을 낳는다고 비판한다. 또한 인센티브가 실적에 연계되면서 사람들이 평가 기준에 부합하는 '안전하고 만만한' 일만 하게 될 가능성이 높아져 결과적으로는 조직 내 상상력을 갉아먹는다고 본다. 새로운 시도나 혁신을 회피하게 만들어 결과적으로 집단 생산성을 떨어뜨린다는 이야기다. 성과 시스템이 가져오는 또 다른 문제는 평가 기준이 정해지고 프로세스가 진행되면 그때부터 지배 가치가 관철되기 시작한다는 점이다. 특히 성과 시스템이 구조 조정의 논리와 긴밀히 연결되면서 성과부진자C-Player 같은 하위 등급 직원을 처벌하는 정당화 기제로 작용한다는 데 더 큰 문제가 있다. 마지막으로 인센티브의 적용 범위가 무제한으로 확장된 점이다. 기업뿐 아니라 국가, 도시 심지어 교육 등 공공 영역에도 경쟁이라는 명목으로 성과 시스템이 확대 적용되고 있다.[2]

성과급은 아주 매력적인 당근이자 치명적인 독약이다. 개별 노동자의 처지에서 소득을 극대화하는 방법으로 성과급은 매력적인 당근이다. 그렇지만 경쟁적인 성과급을 얻으려면 계속 달려야 하기 때문에 독약이기도 하다. 경쟁적인 성과급은 사람들을 만인의 만인을 향한 무한 투쟁 상태로 내몬다.

덧붙여 개별 노동자들이 소득을 극대화하려는 태도를 순수한 개인의 선호나 선택으로 해석하면 곤란하다. 겉으로 보면 자발적인 선택이기는 하지만 낮은 수준의 저임금 구조에서 발생할 수밖에 없는 '불가피한' 선택으로 보는 게 더 적절하다.

성과를 미끼로 하는 장시간 노동 관행은 이렇게 저임금 구조와 연결돼 있다. 한편 열정과 능력의 이름으로 채색해 매일 이어지는 야근을 미화하는 사례를 흔하게 볼 수 있다. 그러나 그것은 분명 왜곡된 열망이자 착취의 새로운 방식에 지나지 않는다.

노동자 분할

경기도 안산 반월공단에서 일하는 어느 공장 노동자 아내의 인터뷰를 들어보자. "예전에는 서로 정으로 사람이 좋아서 다녔는데, 이주 노동자, 비정규 노동자, 정규직 노동자, 이렇게 쫙쫙 갈라져 있으니까 그게 안 되는 거지. 그러니까 재미가 없는 거죠!"

파견이 일상화되면서 인종을 매개로 한 노동자 분할이 일상화됐다. 십장은 당신 자리에 "쎄고 쎈 애들"을 넣으면 된다고 엄포를 놓는다. "한 달 300~390시간 일하고 100만 원씩만" 받는 '물건을 뽑아내는 데 아주 값싼' 이주 노동자들이 즐비하다는 것이다(《한겨레》 2011년 10월 5일). 그렇기에 노동자들은 일찍 퇴근하고 싶어도 그럴 수 없다. 다음 날에도 계속 출근하려면 어쩔 수 없이 11~12시까지 이어지는 장시간 노동을 감내해야 하는 상황이다.

정규직 전환을 전제로 한 인턴 채용도 마찬가지다. 기업들은 정규직 전환을 매개로 인턴의 장시간 노동과 열정을 거리낌 없이 강요한다. 내일의 보상을 미끼로 오늘의 희생을 쥐어짠다. 열정을 보이지 않거나 무슨 문제라도 제기하면 계약을 해지하기 일쑤다. 형편없는 처우와 부당한 대우를 받는 인턴들은 보호 장치가 따로 없는 상황에서 착취에 노출돼 있다. 인턴이라는 이름으로 구조적인 착취가 대대적으로 자행되고 있는 형국이다. 정부는 10퍼센트에 육박하는 청년 실업 문제를 청년 인턴, 행정 인턴으로 해결한다고 했다. 그러나 행정 인턴은 또 다른 이름의 비정규직이었다. 국회 기획재정위원회 이낙연 민주통합당 의원에 따르면, 2012년 상반기 공공 기관의 정규직 전환 비율은 4.4퍼센트에 그쳤다. 공기업의 전환율도 7.2퍼센트에 지나지 않았다. 정부나 기업은 고용 조건을 미끼로 청년 노동자의 열정과 노동력을 합법적으로 쥐어짜고 있는 것이다(한윤형·최태섭·김정근 2011; Perlin 2012).

또한 경쟁력이라는 미명 아래 노동자는 분할된다. 대한항공의 사례는 노동자 분할의 폐해를 여실히 보여준다. 대한항공에서 2011년 한해에만 여성 승무원을 포함해 5명이 우울증과 스트레스 등으로 자살했다. 동종 업계에서 단 한 건의 자살 사고가 없던 점을 고려하면 이례적인 사건이다.

A(41)씨는 차장급으로 96년 입사 후 최근 변호사 업무를 지원했다. 2월 14일 연수원 옥상에서 투신했다. B(39)씨는 기체 정비사로 5년 전부터 우울증 치료를 받다 3월 6일 투신했다. C(52)씨는 객실승무본부 국제선 팀장으로 2010년부터 근무저평가자로 분류돼 일반승무원으로 근무하다 3월 7일 청주 호텔 숙소에서 자살했다. D(21)씨는 국제선 승무원으로 입사해 인턴교육을 받던 중 사직 후 마산 집에서 4월 자살했다. E(47)씨는 93년 입사한 정비계통 과장급으로 12월 1일 김포공항 건물 옥상에서 투신했다.(《매일경제》 2012년 1월 12일)

지나친 성과 경쟁 때문에 직원들이 스트레스를 많이 받았다는 지적이 나왔다. 군대의 관심 사병 제도처럼 성과가 기준에 미달하는 직원은 성과부진자로 지정돼 면담과 리포트 제출 등 특별 관리에 들어간다. 승무원들이 서로 감시하고 평가하는 '엑스맨' 제도도 지나친 스트레스와 우울증을 가져온 요인으로 꼽혔다. 통상적인 '쌍방향 평가'하고 비슷하지만 정체가 드러나지 않는 엑스맨을 투입해 업무 성과와 근무 태도를 평가하기 때문에 감시당한다는 스트레스를 꽤 많이 받았다. '성과를

높이고 경쟁을 독려하기 위한' 방편이었지만, 동료 관계는 의심스러워
졌고 수치심과 스트레스는 더해졌다는 지적은 눈여겨볼 만한 대목이다.

생산성 담론

우리는 생산성 담론에 갇혀 살았다. 이를테면 "수출에의 차질을
빚지 않기" 위해 더 "허리띠를 졸라매야!" 한다는 식의 논리가 예나
지금이나 강력하게 작동하고 있다. 생산성 담론이 지배적인 위치를 오
랫동안 차지하면서 다른 가치들은 들어설 여지가 없었다. 여기서 생산
성 담론의 주어는 항상 국가였다. 발전과 성장을 모토로 하던 생산성
담론은 개인보다는 국가를 주어로 내세웠다.

생산성 담론은 경제 위기 이후 경쟁력 담론으로 변형돼 지속되고
있다. 기업의 경쟁력을 제고하기 위해 "신발 끈을 고쳐 매야" 한다거나
휴가를 쓰려고 하면 "너희들이 지금 놀고먹자는 얘기냐"며 여전히 노동
자들을 움츠러들게 한다.

경쟁력 담론의 두드러진 특징 중 하나는 경쟁력 개념이 기업뿐만
아니라 국가, 도시, 지역, 교육 나아가 개인의 자유 시간에도 확장돼
작용한다는 점이다. 최근 휴가의 종류가 많아진 것처럼 보이지만, "휴가
도 경쟁력 있게" 사용해야 한다는 규칙이 따라붙으면서 우리는 휴가
기간에도 경쟁의 무기를 갖추기 위해 고군분투해야 한다. '그냥 놀면'
죄악이다. 휴가의 종류가 어느 때보다 많아 보이지만, 실상을 뜯어보면
어느 때보다 초라해진 게 경제 위기 이후의 휴가다. 휴가는 업무의 연장
이며 경쟁력을 제고해야 하는 생산의 시간이기 때문이다. 자유 시간의

영역까지 파고든 경쟁력 담론은 경제 위기 이후 우리의 삶과 세계관을 옭아맨 신자유주의의 최대 걸작이라고 말할 수 있다.

한편 시간 권리를 확보하기 위한 대항 담론은 힘을 제대로 발휘하지 못했다. 생산성 담론이나 경쟁력 담론을 넘어서는 대항 프레임이 구축되지 못하면서 개별 노동자들은 더욱더 경쟁력이라는 매트릭스에 갇히게 됐다. 경쟁력 담론을 넘어서는 대항 프레임이 구축되지 못하는 원인은 자원의 제약(자금, 연구와 정책, 프로그램 등의 부족)뿐 아니라 경쟁력 프레임이 확대되고 재생산(노동, 교육, 국가, 공공 기관이 모두 경쟁력의 언어로 총력전을 벌이는 형국)되는 데서 찾을 수 있을 것이다. 생산성과 경쟁력만이 지상 과제인 사회에서 노동자들은 노동 기계, 산업 역군, 핵심 인재로 호명될 뿐이었다. 생산성이나 경쟁력 프레임을 넘어서 새로운 대항 프레임을 만드는 게 시급하고도 중요한 이유가 여기에 있다.

상시적 구조 조정

갑자기 몰아친 고용 한파에 모두 움츠러들었다. 경제 위기 이후 직업 안정성은 크게 흔들렸다. 60대 정년퇴직은 이제 옛말이 됐다. 정년이 60세 이상인 기업은 겨우 22.3퍼센트에 그친다.[3] '삼팔선', '사오정', '사필귀정', '오륙도', '육이오'라는 신조어가 자주 입에 오르내린다. 40~50대에 들어서면 직장에서 '사회적 사망 선고'를 받는 셈이다. 생애 주기별 경제 활동 참여율을 경제 위기 전후로 비교하면 퇴직이 얼마나 빨라졌는지 확인할 수 있다. 우리는 이제 인생을 2모작하고 3모작해야 한다. 직장인의 80퍼센트 이상이 2모작을 준비한다고 한다. 우리 생애는 더는 연속적이지 않다. 일도 생애도 단속적이게 됐다.

정년퇴직은 이미 옛말이고, 45살 정년을 일컫는 '사오정'에 이어 '오륙도'란 말까지 입에 오르내리는 판이다. 56살까지 회사에서 버티겠다면 도둑이란 얘기다. 일하는 회사가 앞으로 몇 년간 생존할 수 있을지도 불투명하다.

심각한 불황이 닥쳐 일감이 뚝 끊기고, 구조조정 바람이 다시 불어 회사를 떠나야 할 처지가 될지 모른다는 불안감이 "회사에 붙어 있을 때 밤샘노동이든 휴일노동이든 가리지 말고 벌어야 한다"는 의식으로 이어진다. 생산현장마다 깔린 이런 의식은 40대 중반 이후 중고령 노동자일수록 더 강하게 퍼져 있다.(《한겨레21》 2003년 3월 14일)

임금 곡선도 40대 중반에 정점(월 162만 4000원)을 찍었다가 50대(월 136만 3000원) 이후에는 급격히 떨어지는 포물선을 그린다(장지연 2003). 정년퇴직이 빨라졌고 임금 곡선도 급락하는 탓에 "일할 수 있을 때 죽자 살자 일하자!"는 태도가 만연할 수밖에 없다. 물량주의라고 불리는 이런 강박적 태도는 정년퇴직이 빨라지면서 나타난 현상이지만, 구조 조정이 일상적으로 단행되면서 고용 불안이 심화된 결과라고 보는 게 적절하다.

'퇴출의 공포'(Sennett 2009)로 표현될 수 있는 고용 불안은 '4050' 등 특정 세대에 제한된 현상이 아니다. '2030'도 예외는 아니다. 누구도 불확실한 미래에 관한 걱정을 떨치기 어렵다. 불안은 모든 장소, 모든 세대에 널리 퍼져 있다.

일상화된 퇴출의 공포는 노동자들에게 압박 기제로 작용한다. 퇴출의 공포는 장시간 노동과 긴밀하게 맞닿아 있다. 어쩔 수 없는 야근이든 눈치 야근이든 노동자들은 "오래 일하는 모습"을 보여주며 회사에 충성하고 있다는 제스처를 취해야 하는 처지에 놓이기 때문이다. 구조조정이 가져오는 불안 때문에 노동자들은 장시간 노동의 굴레에 빠져드는 악순환이 계속되고 있다. 이런 맥락에서 노동 시간 단축은 더는 주요한 관심사가 아니게 된다. 자유 시간을 향한 추구는 여지없이 무너지게 된다.

종이호랑이식 규제

2010년 6월 8일, 경제사회발전노사정위원회의 근로시간·임금제도개선위원회는 〈장시간근로 관행 개선과 근로문화 선진화를 위한 노사정 합의문〉을 채택했다. 노사정위원회는 2020년까지 연평균 노동 시간을 1800시간대로 단축하기 위해 단계적 목표를 설정했다. 그 뒤 고용노동부는 2011년 업무 계획에서 노동 시간 단축을 언급했다. 노동 시간을 단축하기 위한 구체적 사업으로 '중소기업과 영세 기업의 실근로시간 줄이기 지원(컨설팅, 보조금 등), 유연 근로시간제 활용률 제고(탄력적 근로시간제 단위 기간 확대 등 기준법 개정 추진, 모범 사례 발굴과 확산 등), 휴가 사용률 제고(휴가 촉진 조치 시점 조기화 등 기준법 개정 추진 등), 장시간 근로 개선에 관한 국민적 공감대 형성(장시간 근로 개선 노사민정 공동 캠페인, 근로 문화 혁신 운동 전개, 장시간 근로 개선 가이드라인(노사정 협의) 제정)' 등을 제시했다.

표 2-2 근로시간 특례 유지 업종과 제외 업종

현행	개편
운수업, 물품 판매 및 보관업, 금융보험업, 영화 제작 및 흥행업, 통신업, 교육연구 및 조사사업, 광고업, 의료 및 위생사업, 접객업, 소각 및 청소업, 이용업, 대통령령으로 정하는 사업(사회복지사업)	· 특례 업종 유지 육상운송업, 수상운송업, 항공운송업, 기타 운송 관련 서비스업, 영상·오디오 기록물 제작 및 배급업, 방송업, 전기통신업, 보건업, 하수·폐수 및 분뇨처리업, 사회복지서비스업 · 특례 업종 제외 보관 및 창고업, 자동차 및 부품 판매업, 도매 및 상품중개업, 소매업, 금융업, 보험 및 연금업, 금융 및 보험 관련 서비스업, 우편업, 교육서비스업, 연구개발업, 시장조사 및 여론조사업, 광고업, 숙박업, 음식점 및 주점업, 건물·산업설비 청소 및 방제서비스업, 미용·욕탕 및 유사 서비스업
400만 명	140만 명(65% 가량 감소)

* 경제사회발전노사정위원회(2012)

　　2011년 8월에는 근로시간특례업종개선위원회가 출범해 한도 없이 초과 근무가 가능하던 근로 시간 특례 업종을 26개 업종에서 10개로 축소하는 것을 주요 내용으로 하는 노사정 공익위원안을 도출하기도 했다. 노사정위는 공익위원안이 실시되면 400만 명(전체 노동자 중 37.9퍼센트)에 이르는 특례 업종 해당자가 140만 명(13퍼센트)으로 감소한다고 예상하고 있다. 고용노동부 장관은 또한 노동 시간 단축의 전도사를 자처하면서 간담회, 토론회, 인터뷰, 기자 회견, 실태 조사 등을 통해 2400시간에 이르는 연간 노동 시간을 OECD 수준으로 줄이자며 장시간 노동 관행에 문제를 제기(이를테면 근로기준법 개정을 통해 휴일 근로를 연장 근로에 포함하는 방안)하고 나섰다(《매일노동뉴스》 2011년 11월 22일; 《프레시안》 2012년 1월 25일).

　　한편 2012년 3월 6일 노사정위원회는 노동 시간을 단축하기 위해 노사정이 지속적으로 논의해야 한다는 의견에 따라 "실근로시간단축위원회를 출범시켜 실근로시간 단축을 통한 고용 창출 및 노동 생산성 향상, 실근로시간 단축을 위한 임금 및 교대제 개선, 유연 근무제 활성화 및 연장 근로 개선 등의 논의를 구체화"한다고 밝혔다. 노동 시간 단축을 둘러싼 논쟁의 역사를 돌아볼 때 상당히 의아하기도 하고 고무적인 모습이라고 할 정도로 논의가 풍성해졌다. '잊힌' 노동 시간 단축이라는 이슈를 오히려 고용노동부가 선도하고 있는 형국이다.

최근 양대 노총과 4개 정당에서도 노동 시간 단축의 방향을 확인하는 자리가 마련됐다.⁴ 공약의 우선순위에는 차이가 있지만 노동 시간 단축이 일자리 창출이라는 가시적 효과를 거두고 노동자의 삶의 질을 제고하는 데 중요한 전략적 수단이라는 점에 모처럼 한목소리를 냈다. 휴일 근로를 연장 근로에 포함하는 문제, 연장 근로를 제한하는 문제, 근로 시간 특례 업종을 축소하는 문제, 주 단위, 월 단위, 연 단위의 노동시간 상한제를 도입하는 문제, 대체 휴일제 도입이나 연차 휴가의 확대 같은 휴일 제도와 휴가 제도를 활성화하는 문제, 노동 시간 적용 사각지대를 해소하기 위한 전체 산업 주5일제 실시 문제 등이 논의됐다.

이런 내용만 놓고 보면 정부, 기업, 노동계는 장시간 노동 문제 해결을 위해 '어디로' 가야하는지에 관해서는 합의한 듯 보인다. 그러나 노동 시간 단축이라는 목표로 '어떻게' 가야 하는지를 둘러싼 논쟁은 첨예하다. 연평균 노동 시간을 줄이는 방식에서 정부와 기업은 유연화를 선호하는 반면 노동계는 좀더 강력한 세부 지침을 통해 노동 시간 단축이 충분히 가능하다고 본다. 이를테면 노동계는 휴가 사용을 '권고'가 아니라 '의무'로 규정만 해도 충분히 노동 시간을 단축할 수 있다고 주장한다.

한편 고용노동부 장관의 발언이 있은 뒤 노동 시간 단축에 따른 임금 감소분을 처리하는 문제에 관해서 정부는 임금 문제는 노사가 '자율적으로' 알아서 해야 한다며 한발 물러섰다. 그러나 노동 시간과 임금이 직결돼 있다는 점을 감안하면, 장시간 노동 관행을 근절하려는 정부의 의지가 그렇게 결연하지는 않다고 해석해도 좋을 것이다.[5] 단축 방식을 둘러싼 기나긴 논쟁은 해결의 실마리를 찾는 데 장애물이 되고 있다.

정부의 방조도 노동 시간 단축을 어렵게 하는 데 한몫한다. 예를 들면 고용노동부의 행정 해석은 휴일 특근을 연장 근로에 포함하지 않고 있다(박태주 2009, 241). 행정 해석을 보자.

연장근로시간에는 휴일근로시간이 포함되지 아니함에 따라서 1주 6일 근무체제 하에서 일요일을 근기법 54조의 휴일로 규정하였고 월요일부터 토요일까지 10시간 연장근로를 하고 주휴일인 일요일에 9시간 근로를 하였다면 근기법 위반문제는 발생하지 않는다.

휴일 특근을 연장 근로에 포함하지 않는 만큼 앞에서 언급한 연장 근로 제한 위반 건수 83.8퍼센트는 사실상 100퍼센트나 마찬가지다. 이런 정부의 종이호랑이식 규제가 장시간 노동 해체를 지지부진하게 만드는 주범이다.

2012년 고용노동부는 휴일 근로를 연장 근로에 포함시킨다는 방안을 검토하기도 했다. 이명박 전 대통령도 거들고 나섰다. 노동 시간을 단축하자는 요구에 귀 막아오던 정부가 뜬금없이 노동 시간 단축을 추진한 것이다. 정부는 장시간 노동 관행을 개선해 일자리를 확대하려는 조치라고 했다. 그런데 기업은 비용 부담이 늘어난다는 이유로 반대했다. 노동계는 본질적으로 일자리를 '늘리는' 방안이 아니라 일자리를 (비정규직으로) '쪼개는' 방식일 뿐이라고 비판했다. 게다가 임금까지

줄어든다는 이유로 정부안을 비판했다(오마이뉴스) 2012년 1월 31일). 다시 2013
년 1월, 제18대 대통령직인수위원회는 "근로 시간의 단축을 위해 휴일
근로를 연장 근로에 포함시키는 방안을 추진"했다. 휴일 근로를 연장
근로에 포함하는 방안이 노동자들의 삶의 질 향상으로 이어질지 아니면
총선과 대선을 전후한 시점에 나온 '꼼수'에 불과할지 지켜볼 일이다.

　　휴가를 사용하라는 권고도 형식 수준에 머무는 종이호랑이식 규제
에 그치고 있다. 연말이면 다 쓰지 못한 휴가를 쓰라고 권고하고 노동자
들은 휴가 계획서를 제출하지만, 아주 형식적인 경우가 다반사다. 휴가
사용을 촉진할 수단으로 미사용 휴가의 이월을 금지하고 있지만, 사실
상 미사용 휴가는 대부분 페이퍼 휴가다.

　　장시간 노동은 그야말로 얽히고설킨 모순 덩어리다. 단순히 인식
을 제고한다거나 정책을 바꾸면 된다는 식의 지엽적인 처방은 뜬구름
잡기나 다름없다. 전면적인 문제 제기가 뒤따르고 총체적으로 접근해야
장시간 노동이라는 고질병을 뿌리 뽑을 수 있을 것이다.

2. 자유 시간을 둘러싼 프레임

먹는 것을 죄악시하는 보육원에서 자란 신성일은 초코파이도 숨어서 먹는다. 그게 당연한 일이요 상식이기 때문이다. 먹는 것을 죄악시하는 프레임으로 세상을 보는 신성일에게는 어떤 진수성찬도 고역이다. 영화 〈신성일의 행방불명〉은 우리가 놓여 있는 프레임에 따라 보고 듣고 느끼는 게 어떻게 달라지는지를 재치 있게 보여준다.

프레임이 어떻게 작동하느냐에 따라 진리가 진리로 생산되기도 하지만, 허위로 간주되기도 한다. 진리가 진리인가 아닌가 하는 문제도 중요하지만, 진리를 담아내는 프레임이 작동하는 방식도 중요하다. 진실만으로 우리는 자유롭게 되지 않는다. 진실은 프레임의 종류와 작동 방식에 따라 달라진다. 이런 이유 때문에 프레임의 성격을 파악하는 문제는 매우 중요하다.

여기서 프레임은 사물을 바라보는 방식, 세상을 이해하는 틀, 타인과 관계 맺는 방식, 자기 자신을 대하는 방식, 일을 처리하는 방식 등을 특정한 방향으로 구조화하는 체계다. 프레임은 실재를 이해하게 하고 때로는 우리가 실재라고 여기는 것을 생산하는 틀이다. 프레임은 우리가 세상을 향해 가지는 믿음이나 관점을 틀 지우고, 심지어 행동 방식에도 영향을 준다. 더 중요한 것은 이슈와 쟁점도 틀 짓는다는 점이다. 프레임은 문제를 규정하기도 하고 해결책을 통제하기도 한다. 동시에 그밖의 관심사나 호기심을 차단하거나 배제한다.[7]

이를테면 '불법' 프레임에서 미등록 이주 노동자들은 직업을 빼앗아가고 사회복지 혜택을 남용해 정부에 부담을 주면서 납세자들의 주머니에서 돈을 꺼내가는 존재로 다뤄진다. 미등록 이주 노동자들은 범죄인, 질병의 숙주, 위험 인자로 처리된다. 불법 프레임에서 도출되는 해결책은 '불법' 이주 노동자들을 검거해 출국시키는 것, 짧은 기간만 합법적으로 일하게 허용하는 '일시적인 노동자' 프로그램을 실행하는 것, 시민권에 관련된 어떤 희망도 주지 않는 것뿐이다. 불법 프레임은 이주 노동자의 인정이나 이주 노동자의 대표권은 가려버리고, 이주 노동자를 오직 값싼 노동력으로 계상한다.

우리는 프레임이 어떻게 작동하는지, 하나의 프레임이 다른 프레임보다 어떻게 우선권을 갖게 되는지 따져 물어야 한다. 한 사회에서 반복해서 재생산되는 도덕 프레임, 경쟁 프레임, 불법 프레임, 위험 프레임 등은 특정한 방향으로 우리의 상식을 생산하고 지배하기 때문이다. 동시에 반대의 가치나 이야기들을 철저히 억제하고 배제하기 때문이다. 그래서 프레임을 만드는 일은 미래의 전망을 담아내는 일에 직결된다. 한두 개의 사례를 더 들어 프레임을 이해하고, 휴가를 둘러싼 프레임들이 경제 위기 전후로 어떻게 변화하며 어떤 의미를 지니는지 살펴보자.

비정상 프레임

빅토리아 시기(1837~1901) 결혼을 전제하고 생식을 목적으로 한 부부 관계가 정상적인normal 성적 욕망으로 권장됐다. 부부를 단위로 하는 성적 욕망이 합당한 것으로 여겨지고 정상의 자리를 차지했다. 차차 부부는 본보기로 인정되고 말할 권리를 얻었다.

그 결과 부부 관계 이외의 성적 욕망은 하나둘씩 제한됐다. 부부를 단위로 하는 성적 욕망을 제외한 나머지 것들은 흐려질 수밖에 없었다. 다양한 성적 욕망은 생식 기능 속으로 남김없이 흡수됐다. 주변적인 것들은 비정상적인abnormal 것으로 구분됐다. 생식의 범주에서 벗어나 있는 자는 가정의 안락은 물론 법의 보호도 기대할 수 없게 됐다.

성적 욕망을 둘러싼 정상-비정상 구분은 노동력을 조직적으로 착취하는 산업 자본주의라는 역사적 상황 조건이 맞물렸다. 산업 자본주의는 '건강한' 노동력을 재생산하는 한정된 쾌락은 허용했지만, 다른 쾌락을 통해 잠재적 노동 에너지가 사방으로 흩어지는 것은 허용하지 않았다.

이런 이유에서 합법적인 이성애 부부 이외의 것들을 향해 대대적인 포격이 가해졌다. 도덕주의 팸플릿, 유용성의 논리, 금욕주의 훈계, 정상 가족 규범 등 지식, 기술, 분석, 명령, 훈계로 구성된 전 조직망이 '어린이의 성적 욕망', '광인의 그것', '이성을 사랑하지 않는 자들의 쾌락' 같은 주변적인 성적 욕망들을 사방에서 포위했다(Foucault 2004).

영국병 프레임

대처 정권은 '저성장', '고실업', '만성 적자', '질식할 것 같은 전통주의', '상대적 후진성', '구제불능의 부랑자와 외국인 빈민' 등을 영국병

British disease으로 진단하고 제거 대상으로 처리했다. 동시에 시장 경제, 구조 조정, 규제 완화, 작은 정부, 경쟁력, 민영화 등을 긍정적인 것으로 묘사하면서 대중의 욕망을 자유(시장)라는 이데올로기와 접합시켰다. 대처 정권은 자유 시장의 법칙이 지배적이도록 의미화하고, 그것을 사회의 운영 질서로 구축하기 위한 대대적인 담론 선동을 계속 진행했다.

대처리즘은 사실상 시대의 상식을 새롭게 구성해내는 일련의 재편 과정이었다. 그 결과 '분배'가 아닌 '성장'이 시대의 상식이 됐다. 파이 자체의 크기를 키우면 작은 조각도 커질 테니 결국 모두 만족할 수 있다는 논리다. 시대의 상식은 "사회 집단을 결집시키고 도덕적 행위와 의지의 방향에 영향을 미친다는 점을 감안할 때, 대처리즘은 신자유주의적 질서를 하나의 상식으로 구축하는 데 밑거름이 됐다"(Hall 2007).

여기서 담론의 특징 중 담론의 특정성을 살펴볼 필요가 있다. 특정 가치는 반복 재생산되는 과정을 통해 하나의 판단 체계로 자리 잡는다. 판단 체계는 주체를 특정한 방식으로 호명하고 특정한 가치를 진리로 의미화하기 마련이다. 특정화된 규범과 기준이 생산되면 정상과 비정상의 경계가 만들어지기 시작한다. 그런 과정을 통해 정상의 가치가 말해질 수 있으며, 시대의 상식으로 정당성을 구축해간다. 그밖의 것은 '비정상'으로 처리된다. 비정상의 가치는 말해질 수 없고 '비상식'으로 처리돼 자연스레 배제된다. 극단적인 경우에는 '이단'으로 불린다.

여기에는 특정 가치를 진리나 상식이나 규범으로 유도하는 권력이 작동한다. 이렇게 말해질 수 있는 것과 없는 것, 행동할 수 있는 것과 하지 말아야 하는 것 사이의 경계가 생산된다. 생산된 특정 담론의 경계는 시대의 상식이자 질서로 작동하기 마련이다(Fairclough 2011; Fairclough & Wodak 1997; Macdonell 1992). 이를테면 부부를 단위로 하는 성적 욕망이 지배적이 되면서 결혼을 전제로 한 이성애자의 성적 욕망은 말해질 수 있었지만, 생산력을 보장하지 못하는 비이성애자의 성적 욕망은 말해질 수 없던 것처럼!

요컨대 담론 분석은 특정한 역사적 상황 조건 속에서 반복 재생산돼 '말해진 것들'을 통해 담론이 히나의 판단 체계, 규범 체계, 의미 체계, 정당화 기제, 진리나 상식으로 유도되는 지식/권력의 작동 과정을 비판적으로 독해하는 작업이다.

지금부터는 한국 사회에서 휴가를 둘러싸고 전개된 경영 담론의 목표와 변화 과정을 경제 위기 전후로 나눠 살펴보자. 한국 사회에서 기업의 언어가 사회의 운영 질서를 강력하게 재편하는 권력의 언술이라는 점을 감안하면, 휴가를 둘러싼 경영 담론에 관한 분석은 권력이 자유 시간이라는 영역을 조직화하는 방식을 드러내는 작업이 될 것이다.

마조히즘적 휴가

모든 사람을 위한 휴가

1990년대 이전까지만 해도 휴일을 즐긴다는 것은 일종의 사치로 여겨졌다. 휴가는 그만큼 낯선 일이었다. 주말은 지금처럼 보편적인 휴일이 아니었다. 기능직이나 작업직의 경우 일요일의 노동 시간은 평일처럼 길었다. "일주일에 하루씩만 쉴 수 있도록 해주십시오"라는 어느 노동자의 외침은 기껏해야 메아리 없는 울림에 그쳤다.

1990년대 들어서면서 '모든 사람을 위한 휴일holiday for all'이 늘어나기 시작했다. 먼저 '일요일은 쉬는 날'이라는 인식이 전반적인 추세로

서서히 자리 잡았다. "월급은 덜 받더라도 일요일 근무만은 하고 싶지 않다"는 목소리가 힘을 얻었다. 더불어 휴일이 제도적으로 확대됐다. 휴식을 통한 국민 복지의 증진이라는 명분을 내세워 노태우 정권은 1990년부터 법정 공휴일을 17일에서 19일로 늘렸다. 하루만 쉬던 음력 설을 3일 연휴로 늘렸다.

게다가 휴일이 일요일하고 겹칠 때는 월요일을 쉬게 하는 '익일 휴무제'가 1990년부터 실시됐다. 법정 공휴일을 하루나 이틀 늘리는 조치하고는 질적으로 다른 이 조치는 휴일의 보편적 배열을 의미했다. 달력에 고정된 상태로 휴일을 '고무줄처럼 줄거나 늘어난 대로' 쉬는 게 아니라, 휴일을 절대적으로 보장하는 방식이었다. 이런 차원에서 익일 휴무의 제도화는 '모든 사람을 위한' 휴가를 지향하는 상징적 표식 이라고 할 수 있다.

뿐만 아니라 휴가 부여 일수가 대폭 상향 조정됐다. 1989년 초 제정된 근로기준법(1989. 3. 29 시행, 법률 4099호)에 따르면, 연차 휴가 일수가 1년 개근한 노동자의 경우 8일에서 10일로, 9할 이상 출근자에게는 3일에서 8일로 대폭 늘어났다(김재훈 2001, 210~211).

모든 사람을 위한 휴일과 휴가가 늘어나자 기업들은 희생 담론을 전방위로 동원하기 시작했다. 희생 담론은 기업 부담, 경제 위기, 한국 병, 낭비, 시기상조 등의 이유로 휴일과 휴가는 축소돼야 한다고 주장하는 논리다. 이때 반복해서 등장한 희생의 언표들을 요약하면 과소비 지양, 위기 극복, 노동 윤리 제고, 생산성 제고, 글로벌 스탠더드로 유형화할 수 있다. 그럼 1997년 이전 시기에 휴가를 '불필요'하고 '낭비'적이며 '후진'적인 '한국병'으로 반복 재현하며 문제적으로 바라본 마조히즘의 언어들을 들춰보자. 그 말들은 무엇을 목표로 하고 있었을까?

과소비는 안 돼!

경영 담론은 전통적으로 자유 시간의 증가를 과소비에 연관된 표현들하고 짝짓는다. 과소비는 낭비, 퇴폐, 향락, 질병, 범죄를 양산한다고 여겨진다. 이런 해석은 노동에서 벗어난 자유 시간이 왜곡된 욕구로 채워질 것이라고 전제하기 때문이다. "너희들의 욕구는 애초부터 뒤틀려" 있기에 "시간을 줘봐야 게으름을 피우거나 먹고 마시고 노는 데 흥청망청할" 것이라고 규정한다. 자유 시간은 부도덕한 과소비라는 도식이다. 경영 담론이 쏟아내는 과소비에 관한 염려는 아래와 같다.[8]

과소비, 유한족의 낭비, 시간 낭비, 금쪽같은 시간 허비, 한해 절반 놀기, 사치와 향락, 사치스러웠던, 흥청망청 쓰는 데 열중, 노는 분위기의 확산, 놀자 풍조 조장, 놀자판 될 가능성, 노는 데 정신 팔려, 놀 궁리에 바쁘다, 놀고먹겠다는 얘기인가, 너무 일찍 터뜨린 샴페인

놀이와 여흥은 사회적 규율을 깨뜨리고 도덕성을 갉아 먹는다는 혐의를 받고 금지의 대상으로 재단된다. 그것들은 비합리적인 욕구이자 도덕적 일탈의 한 형태로 간주되기 때문이다. '놀기만 하는 미국병'에 걸려 '흥청망청 취해 있는 졸부'가 '샴페인을 너무 일찍 터뜨리는' '무분별한 행위'로 묘사된다.

과소비 언표들은 이렇게 도덕주의를 많이 포함하고 있다. 또한 자유 시간에 관한 자본의 거부감을 고스란히 드러내고 있다. 과소비 언표들은 자유 시간이 많아지면 국가와 기업의 경쟁력이 약화할 것이라는 염려를 전제한다. 전형적인 노동 이데올로기를 대변하는 '개미와 베짱이' 이야기가 반복적으로 동원되는 이유가 여기에 있다. 공휴일

때문에 국가와 기업의 경쟁력이 떨어질 게 뻔하다는 주장이 핵심이다. 경영 담론 안에서 공휴일은 당연히 축소하고 제거돼야 할 대상으로 의미화된다. 곧 질병 덩어리(한국병, 위기의 진원지, 경쟁력 하락 등)로 재현된다. 지금까지 나온 과소비 담론을 요약하면 '휴일과 휴가→노는 날 증가→흥청망청 소비→국가와 기업의 경쟁력 약화'로 계열화된다.

과소비 언표는 1980년대 말 매우 폭넓고 다양한 형태로 증폭됐다. 그 이유를 이해하려면 그 시기의 정세를 언급할 필요가 있다. 정권과 자본은 노동자 계급의 전국적인 연대 투쟁에 노골적으로 불안함을 드러내고 있었다. 과소비 언표는 1980년대 후반 커다란 진전을 보이며 성장한 노동 운동에 관한 통제를 정당화하려는 전략적 도식으로 활용됐다.

정권과 자본이 도출한 해결책은 자유 시간을 억제하는 것이었다. 자유 시간은 왜곡된 욕구로 채워질 수 있으니 '건강한' 일로 개량돼야 한다고 의미화된다. 자유 시간은 노동의 언어나 이성의 언어로 규율되고 계몽돼야 한다는 논리다.

지금은 위기다!

1980년대 말 아시아의 용이 지렁이로 추락하지 않을까 염려하는 위기설이 강력한 힘을 발휘했다. 언론 보도와 정책 발표가 나선형을 그리면서 대대적으로 유포됐고, 위기설은 확대 재생산됐다. 위기는 물가 폭등, 부동산 폭등, 수출 부진, 무역 적자, 총체적 위기, 경제 위기 등으로 나타났다.

기로에 선 한국 경제, 수출 증가율 격감, 성장률 1985년 이후 최저, 아시아의 용이 지렁이로, 경제 10년 내 최악, 수출이 무너지고 있다,

물가가 큰일이다, 인력난 야단났다

그러나 위기론이 위기의 상황이나 정도를 구체적으로 표시하지는 않는다. 이런 사실은 국가, 기업, 미디어가 위기를 상상된 것으로 재현하고, 그런 상상된 관계 속에서 노동자들의 환기를 촉구하는 언어 전략을 구사하고 있다는 반증이었다.

절체절명의 위기라는 진단은 고통 감수라는 해법을 끌어들였다. '30분 더 일하기'처럼 작업장 분위기를 쇄신하자는 방안부터 산업 평화 정착(불법 노사 분규 공권력 투입), 임금 통제(한 자릿수 임금 억제, 무노동 무임금), 과격 세력 해체(전노협 와해) 등의 대책이 뒤따랐다.[9]

한편 고통 감수라는 해법은 '낭비적인' 휴가를 축소하라는 희생을 대놓고 요구했다. 위기론이 가지는 전형적인 배열 방식은 '위기→고통 감수→유토피아적 미래'라는 형식을 띠었다(박해광 1999, 129~157).

이렇게 '위기'를 전면에 배치한 뒤 '마른 수건 쥐어짜는' 식의 해결법은 사람들의 환기를 촉구하는 전형적인 전략(상황 정의)으로 자주 반복된다. 이명박 전 대통령의 연설문(제15차 라디오 연설문, 2009년 5월 18일)을 훑어보자.

지금은 긴장을 늦출 시점이 아니고, 전세계가 당면해 있는 **위기 상황**을 결코 가볍게 봐서는 안 된다. …… 지금의 위기를 도약의 기회로 삼느냐 그렇지 못하느냐는 그동안 우리 사회 곳곳에 누적돼온 **비효율과 거품을 제거**하느냐 못하느냐에 달려 있다. …… 더 빠르게 최종 목적지에 도달하기 위해 **다시 한 번 신발 끈을 조여매자. 노동 시장의 유연성 확보**는 한시도 늦출 수 없는 중요한 과제다.

'고통 감수를 통한 위기 탈출'이라는 논리는 시차를 두고 반복 계열화되면서 사회의 질서와 시대의 상식을 재설계한다.

노동 윤리를 제고하자

노동 윤리를 전면에 내세우는 자본의 시도는 항상 자유 시간의 출현을 강하게 견제했다. 자유 시간을 게으름, 수동성, 낭비, 공포, 두려움, 퇴폐의 씨앗으로 여기기 때문이다. 한거閑居하면 불선不善하다는 논리다. 게으름을 윤리적으로 단죄한다. 이런 논리는 자유 시간의 배분이 노동 윤리를 침식한다는 굳건한 신념에 근거한다.

노동 시간을 연장하는 게 도덕성에도 좋은 효과를 미친다는 주장까지 한다. "젊은 도제들이 술집에 가서 취하도록 마실 시간이 없어진다"는 게 이유다. "모든 악의 근원인 무위도식에서 벗어나기 위해서 매일 일을 해야 한다"는 논리다.

경영 담론은 자유 시간의 배분에 따른 게으름의 부도덕을 끊임없이 경계하면서 비상한 각오로 노동 윤리를 제고해야 한다고 강변한다. 그래서 나태하고 게으른 자, 노는 데 정신이 팔린 자, 무위도식하는 자, 무절제하고 방탕한 자, 늦잠 자는 자, 넋 놓고 시간을 흘려보내는 자, 무기력한 자는 정화되거나 훈련돼야 할 대상으로 처리된다. 나태와 방탕의 습관을 씻는 제1의 해결책은 근면을 기르는 것이다. 나아가 먼 미래를 위해 쾌락을 지연하고 절제하자고 강조한다. 그렇지 않으면 미래에는 게으름뱅이의 사회가 될 것이라는 염려가 짙게 반영돼 있다. 이렇게 '시간의 민주화'를 가로막는 방해물은 바로 자본의 강력한 저항이었다.

여기서 더해 휴일과 휴가가 기업 부담을 가중시켜 경제적 진보를 위험(위축, 하락, 추락, 감퇴)에 빠뜨린다는 논리가 뒤따른다. 휴가의 증대는 필연적으로 인건비 상승을 초래할 수밖에 없고, 상승된 인건비는 원가 상승으로 이어져 가격에 전가되고, 경쟁력을 약화시켜 미래 투자가 지연되는 구조적 악순환만을 불러일으킨다는 도식이다. 이런 도식은 휴가와 경제적 진보가 상충한다는 주장으로 변질되고, 휴가는 '지금'은 이르고 '다음'으로 연기돼야 하는 것으로 처리된다. 위기론과 일종의 시기상조론 또는 파이론의 절묘한 조합이다.

'생산성 약화'라는 선율은 다양한 형태로 변주됐다. 그 언표들은 '기업 활동 부담', '과도한 부담', '기업 경영 발목', '열악한 중소기업에게는', '인건비 상승', '문제는 비용 분담', '기업 의욕 상실', '기업의 투자 위축', '생산성 3분의 1', '생산 리듬 파괴', '생산 분위기 해침', '생산비 증가', '작업 능률 급락', '수출 경쟁력 하락', '국가 경쟁력 감퇴', '산업 경쟁력 타격', '대외 신인도 추락' 등으로 반복 재생산된다.

글로벌 스탠더드를 따르자

글로벌 스탠더드라는 언표는 1990년대 초반의 독특한 맥락을 고려해야 의미를 짚을 수 있다. 정권은 군사 독재라는 과거와 단절하기 위한 조치의 하나로 OECD 가입에 열을 올리며 과거의 것(한국병, 나쁜 옛 것)을 폐기하고 새로운 세계(글로벌 스탠더드, 좋은 새 것)를 받아들여야 한다고 강변했다. 대처의 영국병 프레임하고 비슷하다. 한국병 항목에는 불행하게도 생리 휴가와 공휴일도 포함됐다. 한국에 특수하게 존재하는 휴가는 글로벌 스탠더드와 양립될 수 없다고 여겨졌다. 김영삼 정권은 생리 휴가나 월차 휴가는 글로벌 스탠더드와 맞지 않는 옷이라며 폐기돼야 하는 것으로 재단해버렸다.

표 2-3 마조히즘의 언어에 둘러싸인 휴가

일련의 사건들	생산-유통-소비 매체	금지의 언표들
87년 노동자 대투쟁 주44시간제 익일 휴무제 법정 공휴일 확대	상공부 총무처 공휴일제도개선위원회 신경제 계획 노동부 행정 지침, 기업들과 복화술사들	과소비, 지금은 위기, 생산성 약화, 기업 부담, 투자 감소, 대외 신인도 추락, 수출 경쟁력 약화, 글로벌 스탠더드 등

* 김영선(2011a)

'세계화_{Segyehwa}'라는 기치 아래 국제 경쟁력 제고라는 구호가 곳곳에 파고들었다(박길성, 2001). 글로벌 스탠더드가 전면에 배치되는 맥락에서 공휴일은 '사회의 역동성과 생산성을 떨어뜨려온 한국병의 정체'로 분류된다. 그 진단은 해외의 휴가 일수와 1인당 국민소득 같은 국제 비교라는 준거를 따랐다.

글로벌 스탠더드에 맞도록 휴일을 축소해야 한다는 질병 치유의 시선은 국가 경쟁력 강화라는 전략 기조에 더욱 부합했다. 특히 글로벌 스탠더드 규범은 생리 휴가나 월차 휴가 같은 한국 '특수적' 휴가 제도를 폐기해야 한다는 주장의 논거로 적극 활용됐다. 이런 제도는 세계화 시대에는 없어져야 할 '구시대' 산물로 여겨졌다. 개발 연대의 서글픈 유산이라는 이유다. 다분히 '열망' 수준에 머물렀고 당위론적 수사의 나열에 그친 세계화 구호는 이전 정권과 거리를 두고 새로운 방식으로 사회 질서를 재편하기 위한 정권의 전략적인 몸부림이었다.

1990년대에 들어서면서 모든 사람을 위한 휴일과 휴가가 제도화되기 시작했다. 기업들은 휴일과 휴가를 기업에 부담을 주는 골칫덩이로 재단하고 축소하려고 전방위의 희생 담론을 동원했다. 낭비를 제거해야 한다는 논리는 노동 시간뿐 아니라 작업장 너머의 자유 시간, 여가 시간에도 침투해 재구조화를 강요했다. 희생 담론은 과소비 지양, 위기 극복, 노동 윤리 제고, 생산성 제고, 글로벌 스탠더드 지향이라는 각종 논리를 동원해 휴일과 휴가 축소의 정당성을 확보해갔다.

이런 과정에서 휴가는 마조히즘의 언어들에 둘러싸였고, 금지와 제거의 대상으로 재현됐다. '한국병'을 고치고 '신한국'으로 태어나려면 불필요하고 낭비적인 시간들은 제거돼야 한다는 논리다. 낭비 제거라는 복음은 기업 부담으로 여겨지던 자유 시간의 덩어리들을 하나씩 제거해 갔다.

87년 노동자 대투쟁으로 근로기준법이 개정되면서 휴가의 보편적 배열, 곧 '휴가의 민주화'의 가능성이 열리는 것처럼 보였지만, 희생 담론은 자유 시간을 '사회적 낭비', '비효율적인 습관', '비규율적인 시간' 등으로 계열화하면서 휴가다운 휴가의 가능성을 지속적으로 가로막고 있었다.

휴가도 경쟁력이다

쏟아지는 휴가들

역사적으로 휴가는 통제의 영역으로 남아 있었다. 휴가는 금지와 부정의 언표로 재현됐고, 통제돼야 할 것으로 다뤄졌다. 그런데 어느 순간부터 휴가는 적극적으로 프로그램화된 생산의 대상으로 처리됐다. 자유 시간을 생산 시간으로 만들려는 긍정의 언표들에 전방위로 휩싸였다. 특히 1990년대 중반 이후 경쟁력 담론은 휴가를 생산성을 높일 수 있는 자원의 대상으로 특정화했다. 이전 시기처럼 자유 시간의 억압만을 목표로 하는 게 아니었다. 경쟁력 담론은 자유 시간을 일종의 자원으로 관리하고 기획하는 통치 전략을 전개했다.

1990년대 중반부터 별의별 이름의 휴가가 쏟아지기 시작했다. 우리는 이것을 편의상 리프레시 휴가로 부른다. 리프레시 휴가는 여름철에 사용하던 휴가를 리프레시 휴가로 바꿔 부르는 유형부터 중간 관리자나 임원에게 일정 기간 동안 휴식을 취하게 하는 경우, 해외 연수나 배낭여행을 제공하는 경우, 레포츠와 문화 활동에 경제적 지원을 하는 경우, 드물지만 일정 기간 동안 회사가 문을 닫고 전 직원이 동시에 휴가를 떠나는 경우까지 다양하다.

쏟아지는 휴가들의 성격은 세 가지로 요약된다. 먼저 휴가의 배분 기준이 '근속 연수'에서 '능력과 역량'으로 바뀌었다. 보통 임직원이나 오래 근무한 부장 또는 차장급을 대상으로 하던 휴가가 최근에는 핵심 인재를 중심으로 제공된다. 능력 기준으로 제공되는 휴가는 포상의 성격이 더욱 강해져 대부분의 사원에게는 도달하기 어려운 게 돼버렸다.

둘째, 휴가에 관한 강조점이 변화했다. 휴가 배분에서 '경쟁력 강화'나 '생산성 제고' 같은 논리가 강조되기 시작했다. 휴가에서도 창조적 기획에 기초한 자기 경영 전략이 필요하다는 논리다. 생산성 향상을 위해 기획돼야 하는 재충전 시간으로 의미화되고 '업무의 시작' 단계라는 점을 강조하는 생산성 담론이 반복 재생산되고 있다.

마지막으로 이전하고 비슷하게 여름휴가를 단순 재배치하는 형태가 계속되고 있다. 사실 특별 형태의 휴가는 대부분 여름휴가에 그동안 사용하지 못한 연차 유급 휴가를 덧대는 형태다. 이를테면 여름휴가나 명절 연휴 앞뒤로 하루나 이틀 정도의 연차 휴가를 덧붙인다. 이런 경우는 여름휴가의 또 다른 이름에 불과할 뿐이다.

경제 위기 이후 시기 자유 시간에 관한 언표들은 보통 '철두철미한 기획', '아이디어의 구상', '경쟁력 제고' 등 밀도 높은 전략과 기획으로 형상화된다. 경제 위기 이전 시기 자유 시간에 관한 언표들이 보통 근면, 자소, 협동의 성신을 되살려야 하므로 자유 시간을 억제해야 한다고 강변하던 모습하고는 180도 다른 이야기다.

일할 때처럼 철두철미하게!

1990년대 중반부터 갑작스레 쏟아진 휴가들은 먼저 '계획과 기획'을 강조했다. 눈에 띄는 표현들을 살펴보자.

> "어렵게 낸 시간인 만큼 그는 일할 때처럼 철두철미하게 휴가 계획을 세웠다. 매일 등산, 매일 온천 목욕, 매일 책 한 권 읽기, 매일 산책이란 목표를 이루려면 하루가 모자랄 지경이다."
> "2005년 초 원원어그리먼트라는 1년치 사업계획서를 내며 …… 안식년 계획을 밝혔다."
> "한 달 휴가를 별생각 없이 어영부영 노는 것으로 보내선 곤란하다. 목표를 세우고 철저하게 계획을 수립하자. …… 자기 계발을 위한 시간으로 활용하자!"

우리가 눈여겨봐야 할 대목은 이렇게 해야 '생산성을 향상'시킬 수 있다는 논리가 뒤따른다는 점이다.

> "충분히 쉬면서 아이디어 구상을 잘 할 수 있게 하자!"

"직원들의 노동과 여가의 균형을 맞춰 생산성을 높이는 경영 기법"

"아이디어와 전략을 창출하는 생각 주간"

"휴가는 더 큰 아이디어와 창의력을 발휘할 수 있는 계기"

"기업들도 직원들의 여름휴가를 직접 챙기고 있다. 여름휴가 기간 동안 충분히 쉬고 재충전한 직원만이 회사에서 창의력을 발휘, 업무 능력을 배가시킬 수 있다고 판단한 때문이다."

"휴가는 그냥 쉬는 것이 아니라 업무에 필요한 실력을 키우고 아이디어를 얻는 시간"

"잘 쉬는 게 생산성을 높이는 것"

"휴가=생산성 향상을 위한 재충전의 시간"

"업무에 대한 보상이라기보다는 재충전하고 많이 배워오라는 뜻"

휴가를 일할 때처럼 철두철미하게 관리한다면, 왜곡된 욕구에 휩싸이는 게 아니라 아이디어를 창출할 수 있는 시간이 된다는 도식이다.

잘 쉬고 노는 게 경쟁력

'쉬고 노는' 일은 역사적으로 터부시돼왔다. 그런데 어느 순간부터 '잘 쉬고 노는' 것이 긍정의 가치를 지니기 시작했다. 이제부터는 쉬고 노는 일도 경쟁력이라는 새로운 표준에 맞춰 가치를 창출해야 하는 대상으로 다뤄진다.

"잘 놀고 잘 쉬어야 능률도 높다"

"잘 노는 것이 경쟁력을 갖추기 위해 필수적"

"잘 놀고 잘 쉬어야 창의력도 높아진다"

표 2-4 경쟁력의 언어에 둘러싸인 휴가

일련의 사건들	생산-유통-소비 매체	생산의 언표들
경제 위기 주40시간제 유연 노동의 확대	전국경제인연합회, 한국경영자총협회, 대한상공회의소, 중소기업협회, 국가경쟁력위원회, 기업들 및 복화술사들	기획의 필요, 아이디어 구상, 휴테크, 재충전, 경쟁력 강화, 창의성, 선진국형

*길영서(2011a)

"심신의 건강을 도모하는 것이야 말로 기업 경쟁력을 높이는 최선의 방법이다"

"당당하게 휴가를 보내는 임직원이 많을수록 기업들의 경쟁력도 높아진다"

"기업들이 직원들의 창의성을 높이기 위해 기발한 휴가 제도를 도입"

"테마가 있는 휴가로 창의력 개발"

"잘 쉬고 노는 게 경쟁력"

'잘 놀고 쉬는 것'이 '경쟁력'을 위한 토대라는 점이 쉼 없이 강조된다. 전통적으로 노동 이데올로기를 상징하는 '개미'와 터부시되던 휴가는 모순적인 관계다. 그런데 혁신이라는 논리 안에서는 서로 양립 가능한 관계로 재설정돼 휴가가 개미의 경쟁력을 제고할 수 있는 수단으로 의미화된다. 리프레시 휴가는 가장 중요한 '혁신'의 재료로 이야기된다.

"창의력이 강조되는 21세기에는 잘 노는 것이 경쟁력"

"휴가를 즐길 줄 아는 개미야말로 진짜 일개미"

"잘 쉬어야 일도 잘한다는 선진국형 휴테크 개념이 확산"

"21세기 경쟁력은 창의성에서 나온다"

"푹 쉬어야 일도 잘한다는 휴테크 개념의 확산"

　　사실 리프레시라고 불리는 휴가는 과장되거나 현실과 무관한 모습이었고, 리프레시라는 재현은 경쟁력, 생산성, 아이디어 등으로 스테레오타입이 됐다. 능력주의에 기반을 둔 경쟁력 담론은 경제 위기 이후 더욱 강화되고 있다. 휴가는 경쟁력 담론을 통해 생산적이고 유용하고 쓸모 있게 관리해야 할 대상(자원, 휴테크)으로 다뤄진다.

　　이런 맥락에서 휴가는 경쟁력을 향상시키기 위한 재생산의 도구(채워야 할, 재생산의 영역)로 처리된다. 노동자는 휴가를 떠나도 자기 충족적으로 휴가를 즐기기는커녕 정해진 임무를 수행하는 기계가 된다. 여기서 말하는 정해진 임무는 기업이 요구하는 '수행 원리'일 뿐이다.

　　긍정의 언표로 채색된 경쟁력 담론은 곳곳에 파고들었다. 경쟁력이 새로운 합리성의 형식으로 자리 잡았다는 표현이 더 적절할 것이다. 지극히 개인적인 자유 시간의 영역까지 생산성, 창의성, 기획, 아이디어의 대상으로 전환시킨 것은 경쟁력 담론의 최대 성과라고 할 수 있다.

3. 일과 소비의 다람쥐 쳇바퀴

미국 사회의 생산성은 계속 높아졌다.[10] 1970년대 초반과 중반, 1980년대 초반의 경제 위기, 구체적으로 1970년대 이후 7번의 경기 침체가 있었지만 국내총생산GDP의 상승세는 계속 이어졌다.[11] 특히 1970년대 중반 이후 생산성 곡선이 가파르게 상승하면서 풍요의 기운이 넘쳐났다. 이른바 콘트라티예프 주기의 여름에 해당했다. "품위 있고 건강하게" 살 수 있는 경제적 여유는 평균적인 특성이 됐다. '행복의 추구'는 경제적 진보의 당연한 결과였다(Hunnicutt 2013).

그 변화는 '풍요 사회affluent society', '여가 사회leisure society', '여가 폭발leisure explosion',[12] '탈산업사회post-industrial society' 또는 '노동의 종말end of work', '좋은 사회good society', 심지어 가사 감소를 이유로 '여성 해방women's liberation'으로 불렸다. 이를테면 경제 체계가 지식 산업과 서비스 산업으로 빠르게 이행하고 노동 절약형 가전제품이 일반화되면서 여성은 가사 노동이라는 속박에서 벗어날 수 있게 됐다는 것이다. 사람들은 고된 노동에서 해방돼 풍요와 쾌적함을 마음껏 누리게 됐다고 여겼다.

그리고 생산성 증가가 미래에도 계속될 것이라고 굳게 믿었다.

미국의 경제학자이자 사회학자인 줄리엣 쇼어는 이런 멋진 신세계류의 장밋빛 환상에 비판적이다.[13] 경제 발전과 풍요가 찾아왔지만, 노동 시간을 끊임없이 확장하려는 자본주의 시스템이 우리에게 남긴 유산은 '위장병'뿐이라고 신랄하게 비판한다. 스트레스에 따른 각종 질병을 비롯해 장시간 노동이라는 야만주의의 유물, 곡예사처럼 줄타기를 해야 하는 일-가족 사이의 딜레마, 이중 부담 또는 2교대나 3교대 노동 같은 여성에 특수한 과잉 노동, 시간 압박이나 시간 기근 같은 시간의 위기, 성과 경쟁에 따른 동료 관계의 파괴가 널려 있다고 본다.

쇼어는 지난 20년 동안 미국에서 노동 시간이 감소하기는커녕 예상하지 못하게 여가 시간이 줄어든 사실을 지적하면서 '구조적인 시간의 위기structural crisis of time'가 발생했다고 주장하는데, 생산성 증가분이 오직 임금 형태로 분배된 게 그런 사태가 일어난 이유라고 설명한다. 좀더 직접적으로 말하면 그런 사태는 일과 소비의 악순환에서 비롯된다. 보통 경제가 성장하면 삶이 여유로워진다고 가정하지만, 경제적 풍요 속에서도 많은 사람들은 일과 소비의 악순환에 빠져 오히려 끊임없는 시간 강박에 휩싸인다는 것이다.

시간 압박이 새로운 사회 문제로 대두되면서 그 원인을 찾으려는 논의도 많아졌다. 맞벌이가 일반적인 가구 형태로 등장하면서 일과 삶의 균형을 달성하기가 더욱 어려워진 탓에 시간 압박이 높아졌다. 이런 변화는 노동 세계의 변동에 직접 맞닿아 있다. 노동의 세계가 질적으로 전혀 다른 유연화된 방식으로 재편되면서 새로워진 노동 시간표가 삶의 시간표에 영향을 미쳤다. 이를테면 '태그팀 커플tag-team couple'이 여기에 해당한다. 부부지만 서로 일하는 시간대가 달라 일과 삶의 균형을 달성하기가 어렵게 된 것이다.

일상생활의 속도가 빨라지면서 시간은 더욱 희소한 상품이 됐다. 그 결과 사람들은 시간을 밀도 있고 압축적으로 사용하려는 경향을 보인다. 시간 자체가 귀중해졌기 때문이다. 일상생활의 속도가 빠른 곳에서는 한가로운 '식사'는 냉동식품에 그 자리를 내주기 마련이다.

한편 시간 압박에 관한 경제학적 설명을 보자. 게리 베커와 스테판 린더는 경제 성장이나 소득 증가로 시간 압박을 설명한다. 시카고 대학교의 경제학과 사회학 교수이자 1992년에 노벨 경제학상을 받은 베커는 사람들은 부유해질수록 구입할 수 있는 상품이 많아지고 그 상품들을 소비할 시간이 더 많이 필요해지면서 시간 압박에 시달린다고 이야기한다. 스웨덴 경제학자 린더도 사람들은 풍요해질수록 소비의 열망이 높아지면서 그 열망을 충족하고 만족을 최대화하기 위해 더욱 분주해진다고 본다. 찜질방만 가던 사람이 경제적으로 넉넉해져 교외 온천이나 가볼까 하면 그만큼 비용이나 시간이 더 들기 때문에 분주해진다는 논리다. 요약하면 경제적으로 풍요로워지면서 우리의 일과표는 소비할 것들로 빽빽이 메워지고 한가로운 여가는 유린된다는 것이다(Becker 1976; Linder 1970).

시간 압박에 관해 쇼어는 경제 변인이나 소득 변인보다 노동 자체가 문제라고 지적한다. 삶의 많은 부분을 차지하는 노동 자체 때문에 우리의 삶은 바쁠 수밖에 없다는 말이다. 장시간 노동에 휩싸인 우리에게 여유로운 시간이 불가능하다는 것은 자명한 사실이다. 가족하고 보내는 시간도 적을 뿐 아니라 사회관계를 맺을 시간도 여의치 못하다. 그나마 남는 시간은 시간 집약적이고 상품 집약적인 여가에 매몰될 수밖에 없다. 이런 의미에서 쇼어는 '약탈당한 노동 계급harried working class'

이라고 표현하는 게 더 적절하다고 말한다. 이제 쇼어의 논의에 따라 우리가 일과 소비의 다람쥐 쳇바퀴에 휩싸이게 된 이유를 알아보자.

한 달 더 일하기

쇼어에 따르면 미국인들은 1969년 주당 평균 39.8시간 일한 반면 1987년에는 40.7시간 일하는데, 이 시간을 월로 환산하면 20년 전보다 약 한 달을 더 일하는 셈이다. 노동 시간이 늘어난 이유는 무엇보다도 노동 기간이 늘었기 때문이다. 노동 기간의 증가는 모든 산업, 계층, 연령층에 해당하는 특징이다.

구체적으로 살펴보자. 첫째, 출산 휴가와 육아 휴직을 사용하는 사람이 줄어들면서 여성의 일 패턴이 남성하고 비슷해졌다. 여성의 생애 주기별 경제 활동 참여율이 전형적인 M자형 패턴(한국, 일본)이 아니라 남성하고 비슷한 역U자형 패턴을 띠고 있다. 둘째, 연구원, 디자이너, 프리랜서 등 전문직을 중심으로 장시간 일하는 직업군이 증가했다. 노동 과정이 네트워크로 조직화되면서 노동을 제외한 삶 또한 생산 주기에 종속됐다. 셋째, 기업은 신규 인력을 추가로 고용하는 방식보다는 기존 노동자에게 시간외 수당을 더 지급하더라도 초과로 일하게 하는 방식을 선호했다. 초과 노동 방식은 기업이 추가 고용 부담을 회피하고 총비용을 줄이는 데 효과적인 방법이다. 넷째, 휴가가 감소했다. 구조 조정의 일환으로 기업들이 임시 고용을 크게 확대했기 때문이다. 산업 전체로 보면 고용 기간이 짧은 서비스 직업군이 확대된 탓도 크다.

자본주의 시스템이라는 구조적 차원에서도 노동 시간이 증가한 원인을 찾을 수 있다. 첫째, 임금 '고정'은 노동 시간을 증가시켰다. 이윤을 최대화하려는 기업은 장시간 노동을 유도했다. 어느 공장주는 "공장법을 위반하더라도 장시간 노동을 통해 얻는 이득이 훨씬 크다"며 잔업과 특근을 일삼았다. 한편 고정으로 임금을 받고 있는 노동자는 일자리를 잃지 않으려고 더 열심히 일하고 회사의 규율을 충실히 따르려 한다. 고정급을 받는 일자리를 잃는다는 것은 그 일자리에 일하며 산 좋은 집과 좋은 차를 잃는다는 것을 의미하기 때문이다. 마찬가지로 기계 설비가 대거 도입되면서 노동 시간이 증가했다. '비싼' 기계를 설치한 기업들은 회전율을 높여 이윤을 극대화해야 하기 때문에 일주일 연속 12시간 노동이라는 야만주의의 유물을 결코 포기하지 않았다.

셋째, 성과급은 매력적인 당근이지만 독약 같은 장치였다. 임금을 보전하려는 노동자들은 소득 극대화의 일환으로 성과급을 추구한다. 성과급의 매력에 사로잡혀 잔업과 특근이 일상이 되고 장시간 노동은 계속된다. 벌지 않은 미래 소득을 덩어리째 먼저 소비한 노동자들은 소득을 극대화하기 위해 성과급에 내몰리면서 장시간 노동에 시달리게 된다. 그러나 많은 사람들이 성과급에 경쟁적으로 매달리면서 성과급의 이득은 그리 크지 않게 된 것 또한 현실이다.

마지막으로 부가 급여fringe benefit 또한 성과급처럼 장시간 노동과 관련이 깊다. 임금을 제외한 모든 보상, 이를테면 상여금, 의료비, 학자금, 교육 훈련비, 유류 지원비, 유급 휴가 같은 부가 급여는 노동자들에게 참으로 매력적이다. 그러나 개인별로 지급되기 시작하면서 부가 급여도 경쟁적이게 된다. 게다가 부가 급여가 비과세인 탓에 사람들은 부가 급여를 성과급처럼 여긴다. 기업들은 조세 부담을 줄이는 방편이자 노무 관리의 수단으로 부가 급여를 적극 활용한다.[14]

집에서도 더 일하기

전업주부의 감소, 여성의 노동 시장 진출, 저출산, 가사의 상업화 등으로 가사 시간이 줄었다고 말한다. 또한 노동 절약형 가전제품이 거의 모든 가정에 보급되면서 가사 시간이 훨씬 줄었다고 이야기한다.

그렇지만 가사 시간은 오히려 더 늘어났다고 쇼어는 반박한다. 노동 절약형 가전제품의 효과는 거의 제로에 가깝다는 것이다. 물론 개별 제품 단위당 노동 절약 효과가 있다는 점은 인정한다. 그러나 가정 전체 차원에서 보면 가사 시간은 여전히 변하지 않고 있다. 새로운 규범이 들어섰기 때문이다. 깨끗한 청소, 좋은 엄마 되기, 영양 만점의 맛깔스러운 요리 같은 가사 규범이 여기에 해당한다. 예를 들어 세탁기가 일반화되면서 더 세밀해진 위생 규범이 뒤따랐고, 1주에 1번이던 세탁 빈도는 1주에 3~4회로 늘어났다. 절약된 가사 시간은 높아진 위생 규범 때문에 잠식당했다.

쇼어는 생활 기준이 크게 높아지면서 가사의 수준과 범위 또한 계속 증가했다고 이야기한다. 먼저 근대적 산물인 집안 청소의 규범이 세밀해졌다. 깨끗함은 중산층의 경계를 가르는 결정적인 항목 중 하나가 됐다. 여기서 깨끗함은 주부의 노동력과 새로운 주방 용품을 요구한다. 요즘에는 깨끗함을 위해 과학적인 방식이 동원되고 눈에 보이지 않는 세균까지 제거해야 한다. 이제 깨끗함은 하나의 신앙처럼 여겨지기도 한다. 중산층 수준에 부합해야 하는 위생 규범이 더욱 정교해지면서 오히려 가사 시간은 늘어났다.

둘째, 육아 규범도 질적으로 달라져 더 많은 시간과 세심한 노력을 요구했다. '이타적 엄마altruistic mother'가 당대의 문화적 아이콘으로 등장했다. 엄마는 더 '이타적'이며, '진실'하고, '세련'돼야 했다. 등하교를 함께하는 것은 물론 동화책을 읽어주거나 함께 놀아주는 일에도 엄마의 손길이 닿아야 했다. 관심 사항, 발달 사항, 진로 설계 등도 엄마의 몫이 었다. 부모들은 아이들을 늘 가까운 곳에서 돌보고 관리하는 '헬리콥터' 또는 '로드 매니저'가 돼야 했다(Nazareth 2008, 288). 아이 돌보기에는 이제 더 세심한 관심과 더 많은 시간이 필요했다.

마지막으로 건강에 관한 기준 또한 높아졌다. 이젠 먹거리도 달라 져야 했다. 이를테면 저녁 밥상에는 냉동식품 대신 영양 만점의 맛깔스 러운 요리가 올라야 했다. 웰빙 열풍이 거세게 불면서 '바른' 먹거리를 찾는 요구가 높아졌고, 이런 요구는 가사 노동의 '재'발명으로 이어졌다.

집안을 '청결하게' 유지하고 아이를 '세심하게' 돌보며, '품위 있게' 살고 '바른' 먹거리를 챙겨야 하기 때문에 가정 전체 차원에서는 오히려 가사 시간이 증가했다. 이런 이유에서 쇼어는 노동 절약형 가전제품이 가정 전체에 미친 효과는 아주 작다고 봤다.

일과 소비의 악순환

일과 소비의 악순환을 이야기하기 전에 미국 중산층의 전형적인 또는 낭만적인 이미지를 그려보자. 널찍한 교외 주택, 자동차 두 대가 들어가는 차고, 중형 세단과 SUV, 잘 정돈된 잔디, 정원 한쪽에 있는 캠핑카와 잔디깎기, 뒷마당의 바비큐 세트, 근사한 그릇장이 들어선 부엌, 가지런히 놓인 자기 그릇, 식탁 위에 풍성하게 쌓인 탐스러운 과일, 양털 카펫이 깔린 넉넉한 거실 등이 떠오른다. 〈심슨 가족The

Simpson〉에 나오는 주택 전경이나 〈위기의 주부들Desperate Housewives〉에 비치는 교외 주택의 모습이 중산층의 전형적인 이미지들에 연결된다.[15]

경제적으로 풍요의 기운이 넘쳤고 사회적으로는 중산층 문화가 확산됐다. '교외 주택Levittown'과 '자동차'는 중산층을 상징하는 필수 항목으로, 일종의 규범norm이 됐다. 경제적 풍요와 함께 주택 구입비는 상상 이상으로 급증했다. 자동차는 운송 수단만을 의미하지 않았다. 자유와 꿈으로 덧씌워진 이미지와 기호를 소비하는 매개가 된다. 자동차는 어느새 있으면 좋은 것에서 없으면 곤란한 물건으로 바뀌어 사회적 명령이 됐다. 그리고 쇼핑은 주말 오후 여가 활동의 필수 코스가 됐다. 모든 계층이 이 소비의 대열에 합류했다.

대출과 신용카드는 전례 없는 새로운 소비 '장치'(소비 자본주의의 물질적 장치)로, 거대한 소비 대열을 이끈 쌍두마차였다. 대출과 신용카드는 아직 벌지 못한 미래 소득을 현재에 미리 소비하게 하는 매혹적인 수단이었다. 르페브르(Lefebvre, 2005)의 표현을 빌리자면, 대출과 신용카드는 '소비를 조작하는consumption-manipulated' 핵심 기제였다.[16]

물질적 보상에 익숙해지면서 사람들은 자유 시간을 선택하기보다는 열망을 충족하기 위해 끊임없는 소비를 추구했다. 그러나 소비를 통한 만족은 마약처럼 효과가 짧았다. 사람들은 소비의 회전목마에서 내리지도 못하는 딜레마에 빠져버렸다. 경제적 진보의 결과는 자유 시간으로 분배되기보다는 더 많은 상품과 서비스로 등치됐다.

'더 넓은' 주택, '더 큰' 자동차 같은 덩어리 큰 소비의 대열에 합류하면서 사람들은 높은 수준의 빚을 떠안고 살게 됐다. 사람들은 '더 높은' 생활 수준을 맞추기 위해 현재 수입에 기초하는 게 아니라 미래 소득에 맞춰 소비하는 경향을 보이면서 부채와 카드로 연명하는 삶을 계속하게 됐다.

자동차, 주택, 교육, 의료 등 높은 수준의 소비는 장시간 노동을 강요하기 마련이다(소비-노동 가설)(George 2000). 대출과 신용카드를 통한 선소비를 충당하려고 개별 노동자는 더 오래 더 열심히 일에 헌신해야 한다. 개별 노동자가 소득을 극대화하는 방법은 야근과 특근밖에 없다. 매달 갚아야 하는 대출금과 카드 대금 때문에 회사를 그만두고 싶어도 그만두지 못한다. 이제 개별 노동자는 일과 소비라는 악순환의 고리에서 탈출하기가 쉽지 않다.

먼 나라 이야기가 아니다. 한국 상황도 사뭇 다르지 않다. 우리는 여전히 '더 넓은' 집, '더 큰' 차를 마련하려고 대출을 받는다. '더 넓은' 집과 '더 큰' 차는 "사람답게 사는 법"이다. 은행들은 경쟁적으로 문턱을 낮춰 대출 공급을 늘리고 막대한 대출 이자 수익을 거둬들인다.[17] 정부는 경기 부양과 주거 안정을 달성한다는 이유로 주택 공급을 늘린다. 가계 부채도 덩달아 늘어난다. 이 과정에서 실질 소득은 별로 늘지 않는데도 대출만 늘어나 빚만 더 쌓이는 악순환이 시작된다. 빚이 소득보다 훨씬 빠르게 늘면서 사람들은 지나친 부채의 덫에 빠진다. 전체 가계 부채는 2012년 기준 911조 원으로 국내총생산 대비 81퍼센트에 이른다고 한다(《뉴시스》 2012년 6월 26일). 저축률을 보더라도 가계 부채의 덫이 얼마나 깊은지 가늠할 수 있다. 1970~80년대 30퍼센트를 웃돌던 저축률은 경제 위기를 겪은 뒤 10퍼센트 아래로 빠르게 떨어졌고, 2011년 기준 가계 저축률은 2.8퍼센트를 기록하고 있다. 덩어리 큰 주택 대출 중심의 가계 부채가 늘면서 대출 이자를 갚기도 빠듯한 상황에서 저축할 여력도 크게 줄었다.

쇼어는 일과 소비의 악순환이라는 다람쥐 쳇바퀴를 탈출하려면 자유 시간을 확보하기 위한 사회 안전 시스템을 구축해야 한다고 강조한다. 이를테면 사회 전체적인 차원의 노동 시간 단축 같은 사회적 개입이 필요하다는 것이다. 충분한 시간적 틈을 만들어야만 여유를 갖고, 가족과 함께하고, 사람들이 모이고, 문화를 만들고, 사랑을 하고, 철학을 하고, 윤리적으로 소비하고, 자유로운 공공 영역을 만드는 일이 가능하다고 이야기한다.

다른 한편 소비주의를 극복해야 한다는 말도 잊지 않는다. 만약 텔레비전 광고에 나오는 상품을 사지 않는다는 생활 규칙을 정하면 일하는 시간을 꽤 많이 줄일 수 있다. 윤리적 소비는 긴 노동에서 벗어날 자유와 상관성이 높기 때문이다. 이것은 자본주의에 대항하며 자본주의를 넘어서는 방식이기도 하다. 반대로 말하면 장시간 노동은 일상의 상품화와 높은 상관성을 보인다는 것이다. 장시간 노동은 먹거리의 상품화, 가사의 상품화, 육아의 상품화, 놀이의 상품화, 사랑의 상품화를 수반하고, 소비 자본주의에 예속되는 정도를 강화하기 마련이다. 쇼어는 전체 사회 차원의 노동 시간 단축과 소비주의 극복을 통해 자유 시간의 약속을 깨닫자고 다시 한 번 촉구한다.[18]

03

특별한 또는 특별하지 않은 우리의 삶

1. 24시간 '회전하는' 사회

일상이 서로 엇갈리는 삶

어두컴컴한 망망대해를 떠다니며 스쳐 지나가는 돛단배들이 있다. 돛단배들의 그 마주침은 아주 짧다. 24시간 사회의 태그팀 커플의 부부 관계는 언뜻 보면 망망대해를 스쳐 지나가는 돛단배 같다.

태그팀 커플은 밤에 일하는 사람들이 많아지면서 커플 중 한 명은 낮에 일하고 나머지 한 명은 저녁에 일하게 돼 마치 레슬링 선수처럼 일하는 현장으로 바통을 넘기면서 살아가는 맞벌이 부부의 모습을 빗댄 말이다(Presser 2003). 부부의 노동 시간표가 달라 서로 얼굴 보기도 힘들어 주말부부라 해도 지나치지 않다. 보통 이야기되는 주말부부처럼 공간적으로는 멀리 떨어져 있지는 않지만 평일에도 얼굴을 마주 대하거나 함께 저녁을 먹기가 힘들기는 매한가지다. 핵가족 시대에 삼대가 둘러앉는 밥상 풍경은 텔레비전에서나 가능한 것처럼, 24시간 사회의 태그팀 커플에게 함께하는 저녁 풍경 또한 사라진 지 오래다.

서로 일하는 시간대가 다르기 때문에 삶의 모든 부분이 총체적으로 엇갈린다. 맞벌이 부부의 경우 노동 시간의 '양'이 문제이기도 하지만 노동 시간의 '배치'와 뒤이은 관계 변화 자체가 더욱 문제가 된다(Jacobs and Gerson 2010, 42). 여느 맞벌이 부부처럼 노동 시간 총량이 80시간(남자 40시간+여자 40시간)이라 하더라도 태그팀 커플의 삶의 성격은 질적으로 다를 수밖에 없기 때문이다. 이것이 24시간 사회에 우리가 노동 시간의 배치와 거기에 따른 삶의 변화를 고민해야 하는 이유다.

미국의 사회학자 해리엇 프레서Harriet Presser는 미국 맞벌이 부부의 절반가량이 태그팀 커플이라고 말한다. 서로 노동 시간표가 전혀 겹치지 않는 맞벌이 형태부터 약간씩 어긋나 있는 형태를 모두 합하면 적은 수치는 아니다.

이런 현상이 미국에만 해당되는 것은 아니다. 1990년대 이후 한국 사회가 24시간 사회로 빠르게 재편되면서 태그팀 커플을 주위에서 어렵지 않게 볼 수 있다.[1] 김밥천국에서 일하는 아줌마, 아파트 경비를 서는 아저씨, 찜질방에서 일하는 아줌마와 아저씨, 환자를 돌보는 간병인 아줌마, 교대제로 일하는 간호사, 경찰, 소방관의 가족이 모두 여기에 해당한다. 여기서 우리가 짚어야 할 점은 서로 다른 시간표를 가지고 살아가야 하는 태그팀 가족에게 일과 삶의 균형은 매우 먼 일이라는 사실이다.

보통 우리는 24시간 사회를 가처분 시간이 무제한 확대된 곳으로 묘사한다. 그런 말들을 살펴보면 가처분 시간의 확대를 편의, 자유, 기회로 연결하기도 하고, 나아가 경쟁력, 효율성, 자기계발의 언어로 채색하기도 한다. 이런 어법은 소비(자)의 입장이요 기업의 화법에 따른 것으로, 24시간 사회의 한 측면에 해당한다. 24시간 사회를 노동 세계나 삶의 질 측면에서 들여다보면 또 다른 이야기가 펼쳐진다.

결코 잠들지 않는 24시간 사회

2012년 2월 8일 〈라디오 스타〉에 출연한 한국계 캐나다인 탤런트 줄리엔 강은 한국의 야식 문화에 놀랐다는 말을 한다. 늦은 밤까지 문을 닫지 않고 손님을 맞는 음식점들이 신기하고 게다가 그 시간에도 집까지 음식을 배달한다는 사실이 너무 놀랍다는 것이다. 우리에게는 당연하게 보이는 야식 배달이 그 사람의 시선에서는 '이국적인' 모양이었다.

24시간 사회의 실제 모습은 어떨까. 여기서는 24시간 사회의 모습을 심야 버스, 편의 서비스, 미디어 등의 사례를 통해 간단히 스케치해보자. 그리고 제도의 변화, 노동 세계의 변화, 삶의 변화라는 측면에서 24시간 사회를 다차원으로 검토하면서 24시간 돌아가는 사회에 발을 딛고 있는 우리네 삶을 고민해보자.

심야 버스

혈액 순환이 원활하려면 혈관이 시원하게 뚫려 있어야 한다. 아마도 24시간 사회의 혈관은 심야 버스일 것이다. 9개 노선 36대에 불과하던 심야 버스(2001년 기준)가 최근 50여 개 노선으로 늘어났다(2010년 기준). 2006년 68만 명에 그치던 이용객도 2008년 273만 명을 넘어 2010년에는 365만 명으로 급증했다.

새벽 한두 시쯤 신촌, 영등포, 여의도, 강남, 광화문, 서울역, 종로, 청량리 등지에는 수도권 신도시로 향하는 심야 버스가 즐비하다. 노선은 서울을 중심으로 인천, 김포, 일산, 고양, 분당, 수지, 성남, 수원, 의왕, 군포, 의정부, 동두천, 구리, 퇴계원으로 문어발처럼 뻗어 있다. 정류장은 심야 버스에 타려는 많은 사람들로 북적거린다. 버스 안에는 흥건히 취한 사람, 야근한 직장인, 밤늦게 학원을 마치고 나온 학생까지 다양한 사람들이 타고 있다.

11시 쯤 차가 끊기니 술자리에서 일어나야 한다는 것은 이제 옛말이 됐다. 새벽 한두 시에도 심야 버스를 탈 수 있고, 심야 버스가 끊긴 뒤 조금 지나면 심야 할증이 풀리고 새벽 첫차가 다니는 시간이 되기 때문이다. 심야 버스의 확대는 그만큼 사람들의 활동 시간대가 심야로 더 연장된 사실을 보여준다.

이제는 24시간 대중교통이 운행되는 시대가 됐다. 서울시는 자정부터 오전 5시까지 심야 버스를 확대 운영한다고 밝혔다. 야간 유동 인구가 많은 동대문, 남대문, 종로, 청량리, 영등포, 홍대, 신촌, 사당, 강남, 잠실 등을 거칠 계획이다. 대중교통만으로도 사람들의 활동이 24시간 가능한 사회가 된 것이다.

편의 서비스

우리네 삶은 네온으로 불 밝힌 24시간 문화에 깊숙이 젖어 있다. 1987년 네온 금지가 해제된 뒤 우리는 24시간 불 켜진 상점을 자주 이용한다. 그 중 24시간 사회의 상징이라 할 수 있는 곳은 편의점이다.

1989년 5월 세븐일레븐이 서울시 송파구 올림픽선수촌에 처음 들어선 뒤 편의점은 빠르게 늘어났다. 1999년 1000개를 넘고 2007년에는 1만 개를 넘었다. 2013년 3월 14일 민병두 의원이 발의한 '가맹사업법 개정안' 자료에 따르면, 2011년 기준 2만 1221개에 이르렀다. 2010년 8월에는 훼미리마트가 최초로 5000호 점을 돌파했다(2011년 1월 5400여 개). 이밖에 GS25 4209개, 세븐일레븐 4042개, 미니스톱 1291개에 이른다(2010년 6월 기준, 종사자 수는 2006년 기준 6만여 명에 이른다).

편의점은 보통 도심지 사거리, 역세권, 정류장, 사무실 밀집 지역 등에 들어섰다. 덕분에 편의점은 약속 장소로 안성맞춤이다. 나아가 편의점은 도시의 밤거리를 밝혀주는 등대이자 거리의 부두 같다.

도심지 큰길가에 주로 들어서던 편의점을 이제 동네 어귀에서도 쉽게 볼 수 있다. 동네 구멍가게나 슈퍼를 대체하며 '슈퍼'라는 이름을 내건 편의점이 하나둘 들어섰다. 이렇게 편의점은 공간적으로 확대됐다. 새벽 세 시이건 네 시이건 멀리 가지 않고도 집 주변 편의점에서라면, 라면, 김밥, 소주, 맥주, 담배, 커피, 우유 등을 살 수 있게 됐다.

편의점은 기능적으로도 확장됐다. 동네 구멍가게의 기능을 흡수하고 통합한 지 오래됐고 최근에는 택배 서비스를 비롯해 공과금 납부나 은행 업무까지 빨아들이고 있다. 훼미리마트는 2008년부터 공과금 납부 업무를 시작했고(전상인 2010, 105~108), 이제는 약국 기능까지 갖춰 약국이 문 닫는 늦은 밤이나 휴일에도 감기약, 진통제, 소화제 등 가정 상비 약품을 살 수 있다.

'24시간'은 편의점에만 해당하는 것은 아니다. '24시간'은 프랜차이즈화되고 있다. 이제 우리는 24시간 편의 서비스를 제공하는 업체들을 곳곳에서 접한다. 맥도날드, 롯데리아, 버거킹을 비롯해, 커피 전문점인 카페베네, 탐앤탐스, 엔제리너스커피, 외식 업체인 티엔익스프레스, 인쇄 편의점인 킨코스까지 24시간 운영에 열을 올리고 있다.

특히 김밥천국과 찜질방은 편의점처럼 밤의 경제를 상징하는, 세계 어느 곳에서도 찾아보기 힘든 한국만의 독특한 풍경이다. 김밥천국이야말로 싼값에 출출한 배를 채우고 지친 몸을 달랠 수 있는 24시간 쉼터다. 마찬가지로 찜질방은 약간의 비용만으로도 피곤한 몸을 개운하게 씻고 잠까지 잘 수 있는 24시간 쉼터다. 김밥천국, 찜질방과 함께

피시방은 한국형 24시간 사회의 트로이카라고 해도 지나치지 않다.

24시간 미디어

24시간 사회의 흐름에 맞춰 텔레비전 방송 시간도 연장됐다. 시간 대별 시청률 패턴을 비교해보자. 1996년 시간대별 시청률 그래프를 보면, 심야와 새벽 시간대는 가히 암흑이었다. 그 시간대에 기억되는 텔레비전 프로그램이 없다고 할 정도다. 볼 만한 프로그램이 없어서 그런 게 아니라 사회가 아예 잠들어 있었다. 1990년대만 해도 우리의 일상은 전형적인 M자형 패턴을 띠었다. 그러다가 2000년대 이후에는 선명하던 M자형 패턴이 상당히 느슨해졌다. 2006년 시간대별 시청률을 보면, 심야와 새벽 시간대에도 텔레비전이 켜져 있다. 김밥천국이나 찜질방의 텔레비전은 심야에도 어김없이 돌아간다.

24시간 사회에 직접 연결되는 이야기는 아니지만 프라임타임의 변화도 눈여겨 볼 만한 부분이다. 가장 많은 사람들이 텔레비전 앞에 앉아 있는 시간, 프라임타임! 요즘 누가 프라임타임을 8~9시라고 말하는가? 10시는 돼야 가장 인기 있는 프로그램들이 배치되고 그 앞뒤로 가장 비싼 SA급 광고가 달라붙는 프라임타임, 곧 황금 시간대라고 할 수 있다(한국콘텐츠진흥원 2011). 아마 〈모래시계〉(1995), 〈서세원쇼〉(2002)가 시작일 것이다. 그 뒤 높은 시청률을 기록한 드라마나 쇼는 대부분 10시 이후에 배치됐다. 저녁 8~9시 황금 시간대는 이제 옛 이야기가 됐다.

한편 1998년 전자 정부 개념이 도입되면서 행정 시스템 또한 24시간 돌아가기 시작했다. 2005년부터 365일 내내 민원을 처리할 수 있는 서비스가 제공되면서 요일의 범위가 확대됐고, 최근에는 24시간 민원 처리가 가능해지면서 시간의 범위 또한 연장됐다. 강남구는 편의점에서도 '24시간 민원 서비스'가 가능해졌으며, 관악구는 최근 휴대폰만으로도 24시간 행정 서비스를 이용할 수 있게 했다. 지자체들은 '민원 24', '365일 24시간 도민 안방', '25시 기동반', '25시 시청' 등 가지각색의 이름을 내걸고 365일 24시간 민원 서비스를 제공하고 있다.

지자체들은 '전국 최초'나 '세계 최초'를 내세우며 앞다퉈 24시간 어린이집을 운영한다. 경기도는 2012년 현재 이천 하이닉스반도체와 아주대병원에서 24시간 어린이집을 운영 중이고, 곧 안산 반원산단, 오산세마역, 이천 제2아미에도 문을 연다. 또한 밤 12시까지 운영하는 시간 연장형 어린이집을 1919개에서 2300여 개로 확대할 계획이다. 서울에는 24시간 어린이집이 105개나 됐다(2012년 기준, 광진구 16개, 강동구 14개, 관악구 8개, 송파구 7개, 강서구 7개, 구로구 6개, 금천구 6개 등). '24시간 365일 무한 돌봄'을 내세워 24시간 가동하는 어린이집은 24시간 쉬지 않고 '회전하는' 한국 사회의 쓸쓸한 자화상이다.

호모 나이트쿠스

호모 나이트쿠스Homo Nightcus는 밤에 활동하는 사람들이다. 밤을 낮처럼 보내는 심야형 인간을 가리키는 올빼미족하고 다르게, 호모 나이트쿠스는 특정 개인이나 집단에 제한된 현상이 아니다.

호모 나이트쿠스는 24시간 활동이 사회적으로나 문화적으로 일반적인 양상이 됐다는 사실을 보여준다. 밤에 활동하는 삶이 특정 집단의 하위문화에 국한되지 않고 현대 도시 생활의 일상 문화로 확대된 것이다. 그만큼 밤에 활동하는 사람들이 많아졌고, 이런 사람들이 24시간 도시 문화에서 시간 확장의 중요한 자리를 차지하고 있다는 사실을 반증한다. 24시간 잠들지 않는 도시에 '부합하는' 새로운 인간형이 등장한 것이다. 심야 버스, 편의 서비스, 미디어, 전자 정부 사례가 제도나 체계의 변화를 가리킨다면 호모 나이트쿠스는 인간형의 변화를 의미한다.

언제부터인가 밤은 해외여행지처럼 여겨졌다. 밤의 시공간은 자원의 대상으로 루미나리에처럼 반짝이기 시작했다. 이를테면 서울시는 '한강르네상스 프로젝트'의 일환으로 2009년까지 강 안팎을 아우르는 야간 경관을 전면 개선하려 했다. 여기에는 23개 한강 교량의 조명 설치, 한강변 랜드마크의 조명 개선 사업이 포함됐다. 이런 의미에서 밤의 시공간은 관광의 시공간이자 역동의 시공간이다. 24시간 사회를 좀더 적극적으로 해석하면 사람들이 밤과 낮을 구분할 필요 없이 24시간 활동할 수 있게 된 점뿐 아니라 이제 형형색색의 화려한 불꽃 쇼가 펼쳐지는 원더랜드라는 된 점이 강조돼야 한다. 밤이라는 시공간이 상업화된 것이다. 호모 나이트쿠스에게 밤은 일종의 해외여행지다.

밤은 자원이다 — 통제에서 진흥으로

역사적으로 밤 시간은 통제의 대상이었다. 생활 리듬이 해와 달과 별에 좌우되던 전통 사회에서 해진 뒤 밤 시간은 그야말로 자야 하는 시간이었다. '원칙적으로' 야간 노동은 금지돼 있었다. 마찬가지로 소등 시각이 지나면 어떤 술집도 영업을 계속할 수 없었다. 노트르담 성당의 소등 종소리가 울리면 술집은 손님을 받지 못하게 돼 있었다.

해진 뒤 밤 시간은 이른바 '어둠'의 시간이자 공포와 두려움의 시간으로 통제의 대상이었다. 밤은 죽음에 관한 공포가 투영돼 있었기 때문에 부정적인 이미지로 채색됐다. 마녀, 악마, 유령, 늑대 인간이 활개치고 온갖 추잡한 범죄가 범람하는 시간으로 여겨졌다(Verdon 1999).

대공장으로 표상되는 산업 자본주의가 자리 잡으면서 새로운 규칙성이 생겨났다. 산업의 리듬에 부합하는 낮 시간의 일과 밤 시간의 잠이라는 규칙성이다. 여기서 밤 시간은 내일의 노동을 위해 '에너지'를 보충하고 회복해야 하는 재충전 시간으로 의미를 부여받았다. 일로 소진된 신체에 수면과 휴식으로 에너지를 다시 충전해야 하는 시간이었다.

'밤이 없는' 24시간 사회는 질적으로 다른 신세계다. 여기서 밤이 없다는 표현은 물리적 차원의 밤을 의미하는 게 아니라 사회적이고 문화적인 차원에서 밤이 없다는 의미다. 낮과 밤, 활동하는 시간과 잠자는 시간의 구분이 무의미해졌고, 시간의 순차성과 주기성은 중요하지 않게 됐다. 우리의 삶을 지배하던 순차적 시간 리듬이 해체된 것이다.

나아가 "시간이 부족하다"고 되뇌고 시간을 강박적으로 관리하는 현대인들에게 24시간 사회는 가처분 시간이 무한히 확대된 '멋진 신세계'로 여겨진다. 확대된 시간을 마음껏 편집할 수 있는 곳으로 묘사되는 24시간 사회는 소비, 편의, 효율, 경쟁력, 자기 계발의 논리로 채색된다.

24시간 사회가 함축하고 있는 좀더 본질적인 변화는 밤 시간이 이윤 창출을 위한 자원의 대상으로 전환된 점이다. 소비 자본주의는 시간의 외연을 확장해 밤 시간을 살아 있는 시간으로 활성화해 흡수한다. 소비 자본주의는 밤 시간을 온종일 이용할 수 있게 됐다. 다시 말해 24시간 사회의 출현은 더욱 더 휘황한 불을 밝힌 자본의 집어등이 어둠을 뿌리째 없애버렸다는 것을 의미한다.

한국 사회에서 24시간 사회의 출현은 통금 해제, 네온사인 금지 해제, 관광특구 지정, 심야 영업시간 규제 폐지 같은 제도 변화를 수반하기도 했다.

표 3-1 밤 시간을 둘러싼 제도의 변화

시기	내용
1945년 9월 7일	미국의 군정사령관 존 하지 중장이 선포한 군정포고령 제1호로 서울과 인천 야간 통금 실시(오후 10시~오전 5시)(국가의 시간이 개인의 시간표를 특정 목적에 따라 절취)
1954년 4월	서울과 인천을 대상으로 한 통금이 한국전쟁 이후 1954년 4월부터 전국 확대(밤 10시~오전 4시)
1961년 이후	통금 시간을 사정에서 오전 4시로 축소(1961년) 제주도(1964년)와 충청북도(1965년)가 통금 대상 시역에서 제외
1973년	에너지 절약의 일환으로 네온사인 전면 금지
1982년 1월 5일	통금 해제
1987년	관광과 광고를 통한 올림픽 기금 마련의 일환으로 네온금지 전면 해제
1989년 5월	세븐일레븐이 올림픽선수촌에 처음으로 오픈
1991년 3월 8일	청소년 보호를 목적으로 한 '풍속영업의 규제에 관한 법률' 선포
1994년 8월 3일	관광진흥법에 따라 관광특구 지정(1997년 이태원)
1998년 8월	심야 영업시간 규제 폐지
2010년 7월 1일	야간 집회 금지 조항 효력 상실
2011년 11월 16일	게임 셧다운제
2013년 3월	서울시, 자정부터 오전 5시까지 '심야 버스' 운행
2012년 1월	대형 마트의 영업시간 규제(심야 영업시간 제한, 월 2회 강제 휴무)
2013년 3월	편의점의 24시간 강제 영업 금지 등을 담은 '가맹사업법 개정안' 발의

얼마 전까지도 한국 사회에서 밤의 시공간은 닫혀 있었다. 국가가 부르지 말아야 할 노래, 읽지 말아야 할 책뿐만 아니라 개인의 머리 길이와 치마 길이까지 일일이 통제하던 것처럼, 1980년대 초반 이전만 해도 자야 하는 시간까지 국가가 철저하게 관리했다. 그렇다고 통금 시간이 지난 뒤에는 개미 한 마리 다니지 못하고 숨죽여야만 하는 상황은 아니었다. 영화 〈고고 70〉(2008)에서 보듯이 젊은이들은 통금을 피해 이곳저곳의 클럽에서 몰래 여흥을 즐겼다.

그러다 1982년 1월 5일 통금이 해제됐다. 그날 새벽 12시에 길거리로 쏟아져 나온 사람들은 광화문 네거리를 거닐며 해방감을 맛보았다. 통금 해제와 더불어 정치나 사회 문제와 관련된 문제 제기를 희석시킬 목적으로 3S(Sex, Screen, Sports) 정책이 대대적으로 펼쳐졌다. 먼저 줄곧 금지하던 컬러텔레비전 방송이 수출의 날 기념식 시험 방송을 시작으로 개막했다(1980년 12월 1일). 가장 역점을 두고 추진한 것은 88올림픽 유치(1981년 9월)와 아시안게임 유치(1981년 11월)였다. 전두환 정권은 프로야구 출범을 적극 추진하고 기획해 프로야구 시대를 열었다(1982년 3월). 잇달아 프로축구와 프로씨름을 출범시켰다(1983년). 심야영화 상영이 허용되면서 개봉 4개월 만에 30만을 기록한 '애마부인'을 필두로 에로티시즘 영화들이 쏟아져 나왔다(1982년 3월). 이렇게 80년대 초 전방위적인 신군부의 자유화 조치들은 광주항쟁의 유혈진압에 대한 비판과 저항을 무마하기 위한 일종의 문화적 매혹 장치였다.

그렇다고 밤의 시공간이 모든 사람에게 열린 것은 아니다. 청소년 보호를 목적으로 한 풍속규제법은 청소년의 밤 시간을 제한했다. 청소년의 밤 시간을 제한하는 사례는 최근 신데렐라법이라고 불리는 게임 셧다운제(청소년보호법 제23조 3항. 만 16세 미만 청소년을 대상으로 오전 0시부터 오전 6시까지 게임 이용을 제한)에서도 확인된다.

세대를 기준으로 선별하고 배제하던 방식 말고도 지역을 기준으로 한 선별과 진흥의 사례가 눈에 띈다. 이태원이 여기에 해당한다. 정부는 1997년 9월 용산구 이태원과 한남동 일대를 이태원 관광특구로 지정해 야간 영업시간 제한을 완화했다. 여기에 관광진흥기금 융자 혜택을 제공하고 각종 세제 지원이 뒤따랐다. 심야 영업시간 규제는 1998년에야 폐지됐다. 제도 차원에서 24시간 사회를 향한 변화가 본격 시작한 것이다. 그 뒤 밤의 시공간은 대중 소비의 장으로 급변하기 시작한다.

"알립니다. 내일부터 12시 이후에는 모든 마트의 문을 닫습니다."

일단 듣기만 해도 불편한 느낌이 밀려온다. 새벽 편의점, 심야 영화, 심야 쇼핑, 야식 배달이 통금 시절처럼 밤 12시에 끝난다면 불편할뿐더러 낯설게 느껴질 정도다. 24시간 세계에 익숙한 지금 12시에 마트의 문을 닫는다는 게 참으로 어색한 일이 돼버렸다.

얼마 전 대형 마트의 영업시간을 규제하는 '유통산업발전법' 개정안이 국회를 통과했다(2012. 1. 17). 개정안에 따르면 전통 시장과 골목 상권을 보호해 지역 경제를 살리자는 취지로 대형 마트는 영업시간을 자정에서 다음 날 오전 8시까지 제한하고, 매달 하루나 이틀의 의무 휴업을 실시하게 한다.

전주시는 대형 할인점과 기업형 슈퍼마켓(SSM)의 일요일 격주 의무 휴업(월 2차례) 조례를 통과시켰다(2012. 2. 7.). 서울시도 3월 말부터 대형 마트와 기업형 슈퍼마켓의 심야 영업시간을 제한하고 월 2회 강제 휴무제를 시행한다(2012. 2. 8). 서울, 부산, 인천, 울산 등 대도시를 비롯해 익산, 진주, 목포, 강릉, 원주 등 지방 중소 도시에서도 비슷한 움직임을 보여 현재 130여 지자체가 영업 제한 조례를 제정한 상태다.

그러나 최근 대형 마트 영업시간 규제를 둘러싼 논쟁이 다시 불붙었다. 유통 대기업이 지자체를 상대로 의무 휴업 제한 행정 소송을 제기했고, 2012년 6월 22일 서울행정법원은 롯데쇼핑, 이마트, 홈플러스, GS리테일 등이 강동구와 송파구를 상대로 낸 의무 휴업 제한 등 처분 취소 청구 소송에서 대형 마트와 SSM의 의무 휴업 조례가 구청장의 재량권을 침해하고 절차상 문제가 있다며 원고 승소 판결했다. 현재 30여 곳에서 영업 제한 처분 취소 소송이 진행되고 있다.

논쟁이 계속되는 사이에 '홈플러스 연매출이 1조 원 넘게 줄어들어 울상'이라는 소식("매출 두 배로 타격, 사업자의 영업 자유권 침해")과 '심야나 휴일에 쇼핑해야 하는 퇴근 늦은 직장인들은 쇼핑할 기회를 차단당하게 된다'며 강하게 반발하는 내용("소비자 권익도 고려해야, 소비자의 자기결정권 침해")의 기사가 신문에 실렸다. 기업은 매출이 떨어지고 소비자도 불편만 겪게 될 뿐이라는 것이다.

우리는 미디어가 기업의 화법과 소비(자)의 처지를 반복 재생산하고 있다는 점을 확인할 수 있다.

표 3-2 밤 시간의 의미 변화

표 3-2 밤 시간의 의미 변화

```
통제의 대상
  ↓
향락의 장
  ↓
선별과 배제의 장
  ↓
선별과 진흥의 장
  ↓
대중 소비의 장
```

여기서 잠깐! 24시간 사회가 모든 측면에서 열려 있다는 것은 아니다. 경제적 차원에서 24시간 사회는 먹고 마시고 노는 모든 소비가 무제한 가능한 공간이다. 그러나 정치적 차원에서 밤의 시공간은 여전히 '닫혀' 있다. 이를테면 밤 11시 이후 야간 집회는 금지된다. 집회 및 시위에 관한 법률의 야간 집회 금지(11시 이후 익일 오전 6시까지) 규정 때문이다.

2008년 5월 미국산 쇠고기 수입 재개에 반대하는 '촛불 시위'를 계기로 야간 집회 시간을 둘러싼 논란이 벌어졌다. 촛불 시위를 제재하는 과정에서 집회 및 시위에 관한 법률 제10조가 적용됐는데, 그러자 이 조항이 집회의 자유를 침해하고 있다는 문제가 제기됐다. 헌법재판소는 집회 허가 금지와 과잉 금지 원칙에 위배된다는 이유로 헌법불합치 결정을 내렸고(2009년 9월 24일), 2010년 6월 말까지 개정이 되지 않아 결국 7월 1일에 야간 옥외 집회 금지에 관한 조항은 효력을 상실했다. 그런데도 논란은 아직 계속되고 있다.

유연 노동의 이면, 24시간 '피곤한' 삶

한국 사회에서 24시간 사회의 출현은 노동 세계의 변화와 긴밀하게 맞물려 있다. 최근 심야 서비스직을 비롯해 야간 교대처럼 이전하고는 다른 비표준 형태의 노동이 눈에 띄게 많아졌다. 경제 위기 이후 유연화된 노동력이 24시간 회전 가능한 생산 영역으로 대거 이동하기 시작한 것이다.[2] 24시간 사회의 등장은 분명 유연 노동의 확대와 맞물려 있다.

여기에 덧붙여 노동자들의 소득 극대화 태도도 중요한 계기가 됐다. 노동자들은 "아무래도 좀더 높은" 임금을 쫓아 '밤의 경제'로 내달렸다. 24시간 미용실에서 2년째 밤에 일하고 있는 한 헤어 디자이너가 해준 이야기에는 밤샘 근무를 하는 이유가 고스란히 들어 있다. "야간조가 아무래도 좀더 많아요. 주간 근무보다 40퍼센트 정도가 더 세요. 야간 근무를 택하게 된 이유로 그런 것도 무시하지 못하죠."

24시간 사회의 출현은 단순히 표준화된 일관 작업 방식에 바탕을 둔 포드주의적 시간 체제의 해체만을 의미하지는 않는다. 거기에는 사회와 문명 차원의 변화까지 내포돼 있다. 밤과 낮이라는 주기에 바탕을 둔 삶의 양상이 해체되면서 삶의 모습이 총체적으로 변화했다는 사실을 의미한다.

"우린 이게 점심이에요!" 새벽 한 시에 식사하는 어느 야간 노동자가 한 말이다. 밤샘 일을 하는 유영민 씨는 저녁 10시부터 다음 날 아침까지 일을 한다. 유영민 씨는 이 일을 시작하면서 수면 부족, 변비, 피부 트러블로 힘들었다고 한다. 그러나 잠을 제대로 자지 못해 힘들더라도 "야간조가 아무래도 좀더 많아" 밤일을 선택했다고 한다. 요즘이야 적응이 많이 됐지만 남편하고 일하는 시간대가 달라 자연스럽게 주말 부부가 됐고, 균형 잡힌 가족생활을 이어가기가 그리 쉽지 않았다고 한다. 공간적으로 멀리 떨어져 있는 주말 부부는 아니지만 일상의 시간표가 서로 엇갈리는 탓에 생겨난, 또 다른 이름의 주말 부부인 셈이다. 중3 아들과 7살 난 딸을 남편하고 번갈아 돌보는 것도 여간 힘들지 않다고 회상한다(경향신문) 2007년 4월 19일). 부부 형태도 태그팀이고 아이 돌보는 방식도 태그팀일 수밖에 없다. 유영민 씨의 사례는 앞에서 언급한 태그팀 커플의 전형으로, 24시간 사회에서 맞벌이 가족의 삶을 잘 보여준다.

　24시간 사회를 가처분 시간이 증대된 자유롭고 멋진 신세계라는 모습으로 그리는 것은 지극히 일면적이다. 1990년대 중반 이후 밤의 시공간은 서부 개척 시대의 변경처럼 이윤 창출의 공급처로 빠르게 탈바꿈했다. 자본의 흐름이 시간적으로 더욱 유연해진 것이다. 24시간 사회는 상품 소비로 침윤된 소비 사회의 확장판으로 보는 게 적절하다. 또한 밤의 경제로 내달릴 수밖에 없는 노동자들은 사막의 모래바람을 고스란히 맞고 있다. 건강한 노동, 균형 잡힌 삶을 보장하는 제도적 장치가 부재한 탓에 노동자들은 일과 삶의 균형을 잡기가 더욱 쉽지 않다.

　24시간 '회전하는' 사회는 사실 24시간 '늘 피곤한' 삶이기도 하다. 교대 근무자의 건강에 관련된 연구를 보면, 교대 근무자 중 절대 다수가 수면 장애를 호소한다. 심야 노동은 '또 다른 이름의 발암 물질'이라는 세계보건기구의 경고를 되새겨 봐야 한다.[3]

　전국민주노동조합총연맹민주노총 금속노조 조합원 중 교대 근무자 1773명과 비교대 근무자 267명을 대상으로 한 연구도 비슷한 결과를 보여주는데, 교대 근무자 중 84퍼센트가 수면 장애를 호소한다. 수면 장애 말고도 식욕 부진과 소화 불량, 변비 또는 설사, 복부 팽만감, 메스꺼움 같은 위장관 증상과 소화성 궤양은 물론, 당뇨병, 갑상선 기능 항진증 등이 악화된다고 한다. 최근에는 뇌졸중, 심근 경색 같은 심혈관 질환, 암, 자연 유산, 조산, 저체중아 출산 같은 생식 보건에도 악영향을 미친다는 연구 결과들이 보고되고 있다(임신예 2011). 여성환경연대는 "야간 근무자는 그렇지 않은 집단보다 평균 수명이 10년 이상 짧다"고 봤다. "밤에는 잠 좀 자자", "노동자는 올빼미가 아니다"라는 심야 노동자들의 목소리에 귀 기울여야 하는 이유가 바로 이것이다.

여기에서 우리는 노동자의 '건강권'을 쟁점으로 만들어야 한다. 현재의 노동 정책이나 제도는 24시간 사회의 변동을 따라가지 못하고 있다. '24시간 환자를 돌보는 간병인 아줌마는 누가 돌봐주는가?' 또는 '24시간 아파트 주민을 지켜주는 경비 아저씨는 누가 지켜주는가?'라는 질문을 던져 근로기준법의 사각지대에 놓여 있는 심야 노동자의 건강권을 고민해야 할 때다. 일본의 경우 노동안정위생법에 기초해 오후 10시부터 오전 5시 사이의 심야 시간대에 일하는 노동자는 건강 검진을 받는다(스즈키 아키라 2011). 이렇게 심야에 일하는 노동자들이 건강 검진이라도 받게 하는 최소한의 제도적 조치가 바로 지금 필요하다. 최근 민주통합당 민병두 의원은 편의점의 24시간 심야 영업 금지 등을 담은 '가맹사업법 개정안'을 발의했다. 이런 흐름들은 불공정 거래, 24시간 강제 영업 등에 관해 강력한 문제 제기를 하고 있지만, 더 나아가 노동자의 건강권 문제도 함께 담아내야 할 것이다.

2. 고객 감동 시대, 우리는 모두 항공 승무원

"내가 웃는 게 웃는 게 아니야"

어느 텔레비전 예능 프로그램에서 실제 이별을 경험한 노홍철은 동료 연예인이 짓궂은 농을 걸어도 "내가 웃는 게 웃는 게 아니야"라는 노랫말로 맞받아치며 결별마저 웃음의 소재로 활용하는 기지를 보였다. 속에서 화가 나고 울화통이 치밀어도 겉으로는 의연하게 대처하는 노홍철의 모습이 자못 색다른 웃음을 안기지만, 출연료 값을 하기 위해서라도 모든 것을 웃음의 소재로 활용해야 하는 상황에 뒷맛이 개운하지만은 않다.

"연예인들의 출연료에는 이 모든 것이 포함돼 있다"는 동료의 진단은 연예인의 '이면'을 여실히 드러낸다. 내가 웃는 게 웃는 게 아니라는 자조가 사실 연예인들만의 전유물은 아니다. 고객 감동의 시대라고 일컬어지는 요즈음은 우리에게 모두 해당되는 이야기다.

"사랑합니다. 고객님!", "좋은 하루 되세요Have a nice day!", "사랑하는 고객님, 소중하게 모시겠습니다", 고객 감동 경영, 친절 경영, 미소 마케팅, "손님은 왕", "해피 트레일즈Happy trails!" 고객 만족이 많은 기업의 주요 화두가 되고 있다. 고객 만족을 향한 기업의 노력은 일회적 구호로 그치지는 않는다. 단순히 제품에 관한 불만을 상담하거나 고객 불만을 해소하는 단계를 지나 이제는 고객을 감동시키는 데까지 나아간다. 고객 만족은 기업의 생존이 달린 문제로 여겨진다. 가히 고객 감동의 시대라 말할 만하다.

고객 만족을 기업 성과로 연결하려는 다양한 전략들이 쏟아지고 있다. 광고, 마케팅, 인적 자원 관리, 직원 교육, 프로세스 관리, 품질 경영, 컨설팅, 공모전, 학회, 신제품 개발, 행정 서비스, 교육 서비스 등 어디나 할 것 없이 고객 만족을 강조하고 있다. 고객 만족은 기업의 존재 이유가 됐다고 해도 지나친 말이 아니다.

미국의 사회학자 혹실드는 《감정노동》(2009)에서 이런 이야기를 구체화하고 있다. 혹실드는 "배우가 연기하듯 직업상 다른 사람들의 기분을 좋게 하려고 자신의 감정을 고무시키거나 억제하는 등 우리 자신의 감정을 어느 정도 관리해야 하는 일"을 '감정 노동emotional labor'이라고 정의한다. 달리 말하면 감정은 이익으로 전환될 수 있는 자본의 대상이라는 것이다.

이 책에서 혹실드가 강조하는 점은 "감정이 시장에 적용되면서 하나의 상품처럼 관리된다"는 사실이다. 이 책의 원제가 '관리된 감정The Managed Heart'인 이유가 여기에 있다. 감정 노동은 개인적이고 부가적인 요소에 그치는 게 아니라 이제 이윤 창출의 핵심 자원이 됐다. 맥도날드 직원의 미소, 항공 승무원의 친절, 백화점 판매 직원의 미소, 텔레마케터의 인사는 개인 재량의 감정이 아니라 기업이 철저하게 계산하고 관리해 마련한 매뉴얼, 지침, 프로그램, 교육의 산물인 것이다. '감정 관리emotion management'가 이윤의 원천이자 성과와 능력이 되는 사회다.

A은행의 친절도 평가표를 보면, 신속한 수신(10점), 친절한 말투(10점), 적극적인 응대(10점), 정중한 끝인사(10점) 등으로 평가 기준이 매우 구체적이다. 기업은 직원의 친절도를 평가하기 위해 '미스터리 쇼퍼mystery shopper' 같은 모니터링 제도를 활용하기도 한다(《한국일보》 2011년 3월 2일; SBS 2012년 3월 7일).

혹실드는 오늘날 조직 전체가 감정을 이익으로 전환하기 위한 게임에 들어섰다고 평가한다. 기업들은 신심 어린 미소보다 더 '진심 어린' 미소를 팔고, 그런 시뮬라크르화된 미소를 만들라며 판매 직원을 훈련하고, 승무원이 애정 어린 시선으로 손님을 대하는지 관리하고 감독하며, 감정 관리와 기업 이윤 사이의 연결 고리를 더욱 견고하게 하려고 평가 체계를 만들고 인센티브 체계를 강화하고 있다.4

우리는 보통 승무원, 백화점 직원, 텔레마케터, 놀이공원 종사자, 외식업 종사자, 은행 직원, 호텔 종사자 등 서비스 영역의 업무만 감정 노동에 해당한다고 이해하기 쉽다. 그러나 노동의 세계가 점점 더 서비스화된다는 사실을 감안하면 우리는 모두 '거대한 매장'에서 일하는 것과 다름없다. 어떤 방식으로든 감정 노동을 해야 하는 상황에 맞닥뜨리게 된다는 뜻이다. 이런 이유에서 혹실드는 부분적으로 "우리는 모두 생글생글 웃어야만 하는 항공 승무원"이라고 봤고, 그렇게 될 수밖에 없다고 진단했다.

산업화 시대에 우리는 공장이라는 거대한 톱니바퀴 속에서 '작업복'으로 옷을 갈아입고 일을 했다. 〈모던 타임스〉의 찰리 채플린처럼 말이다. 작업복을 입는 찰리 채플린은 '과학적 관리scientific management' 장치에 맞춰진 컨베이어 벨트의 속도에 따라 볼트를 조인다. 볼트를 조이는 동자은 과학적 관리법의 세밀한 규칙에 따른다. 과학적 관리 장치는 우리의 '신체'에 아로새겨진다.

고객 감동 시대에 우리는 호화로운 불빛 아래에서 '미소' 가면을 쓰고 일한다. 백화점의 판매 직원처럼 말이다. 미소 가면을 쓴 판매 직원은 감정 관리 장치에 맞춰진 '친근한 미소'의 규칙에 따라 웃음을 짓는다. 웃음은 철저히 계산되고 관리된 감정 관리법의 매뉴얼에 따른다. 감정 관리emotion management 장치는 우리의 '마음'에 아로새겨진다.

미국의 사회학자 조지 리처는 《맥도날드 그리고 맥도날드화》에서 "거짓 친근함"에 관해 이야기하면서 맥도날드 직원의 미소를 사례로 든다. 직원들은 용모나 복장 지침뿐 아니라 목소리를 어떤 톤으로 맞출지, 입가의 각도와 길이를 어느 정도로 할지, 눈꼬리를 어떻게 해야 할지를 일일이 회사의 매뉴얼('언제나 미소를 지어라'라는 규칙)에 따라 프로그램화해야 한다. 거짓 친근함은 회사가 부여한 일종의 가면이다. 다시 말해 거짓 친근함은 상품을 위한 하나의 요소로, 이윤을 극대화하려는 기업의 목적에 연결돼 있다.

감정 노동 건강 장애도 산재다

2009년 전국민간서비스산업연맹은 1만여 명의 서비스 노동자를 대상으로 실태 조사를 한 뒤, 서비스 노동자가 감정 노동을 하면서 얻은 정신적 또는 육체적 건강 장애(공황 장애, 대인 기피, 안면 마비, 알코올 의존증 등)를 산재로 인정해야 한다고 주장했다. 서비스업으로 산업 구조가 변화하는 흐름을 고려할 때 매우 의미 있으면서도 적절한 문제 제기다. 앞으로 어떤 제도적 조치가 마련될지 자못 궁금하다.

《감정노동》을 통해 우리는 '관리된' 감정이 '거짓'이지만 '진짜' 같은 안정감을 주고 현실보다 더 실재처럼 여겨지는 이유, 노동자가 자기의 미소에서 소외될 수밖에 없는 상황, 감정이 소비 자본주의 사회에서 더욱 부각되는 맥락, 감정 노동을 좀더 세밀하게 관리하는 장치, 인상 관리impression management와 감정 노동의 개념 차이를 비판적으로 이해할 수 있다.

3. 날품팔이의 미래 서사 없는 삶

안산 반월공단의 어느 공장에서 일하는 노동자의 아내가 한 이야기를
들어보자.

> 임금이 100만 원이 안 돼요. 100만 원이 안 되니까 먹고살기도 너무
> 힘들고. 그리고 휴업하면은 다 무급이지. 여기는 유급 이런 거 없어요.
> 다 휴업하면 무급이니까 50만 원, 60만 원도 받고……. 잔업할 거냐고
> 해서 잔업 한다고 했는데, 거기서 잔업 할 거냐는 거는 9시까지는
> 기본 일이고, 12시까지가 잔업이라는 거죠. 12시까지 항상 일한대요!
> 공장에 8시 반까지 출근을 하는데……9시까지 일을 기본으로 하고,
> 잔업 할 거냐고 물어보면 12시까지……밤 12시까지! 그러면은 이주
> 노동자들은 기본으로 (잔업을) 하고 한국 사람들도 돈 필요한 사람은
> 하고……딱 나오는 사람은 우리 신랑 하나밖에 없다 하더라구요! 처
> 음에는 당신 이럴 거면은……이럴 줄 모르고 회사 왔냐고 (회사에서)
> 굉장히 싫어하고! 근데 어찌 12시까지 일하고 아침에 7시에 나가는데,

130

근데 그 생활을 한다는 거죠. 인제 9시까지 한 달 내내 일했는데, 어제 월급 타왔는데, 149만 원 받아왔더라구요. 뗄 거 떼고, 너무 그게 이게 12시간을 한 달 내내 일해가지고 150만 원을 안 되는 돈을 받아온 거잖아요. 근데 일도 일대로 힘들고 돈은 돈대로 안 되고……. (안산의 어느 공장 노동자 아내의 인터뷰 중에서)

아침 8시 반까지 공장에 출근해 밤 9시까지 기본으로 일하고 잔업을 하면 11~12시를 넘기기 일쑤다. 9시까지 일한다고 하면 "이럴 줄 모르고 회사 왔냐"고 다음부터는 나오지 말라고 엄포를 놓기도 한다. '나가라'는 말은 사장의 강력한 무기다. 일하는 데 특별한 경력을 요구하지 않고 대체 인력의 수도 많아 툭하면 '나가라'는 배짱을 부리는 것이다. 밤 9시까지 12시간 기본으로 한 달 내내 일해도 월급은 고작해야 150만 원 정도다. 1960~70년대의 옛이야기가 아니다. 21세기 한국의 어느 공장에서 일하는 한 노동자의 '현실'이다.

산업화의 첨병이던 반월공단의 상황은 1990년대 초반과 중반 이후 급격히 변했다. 반월공단의 풍경을 스케치하면 몇 가지 특징으로 요약된다. 반월공단의 산업 구조 변화를 한마디로 표현하면 '영세화'다. 1990년대 초 반월공단의 특징은 '공동화'다. 기업들이 비용 절감과 현지 시장 개척을 목적으로 해외 직접 투자를 늘리면서 공동화 문제가 시작됐다. 그러나 시간의 스펙트럼을 현재까지 늘려보면, 공동화보다는 '마찌꼬바ま ち-こ う ば [町工場]'식으로 영세해졌다는 표현이 적절하다.

반월공단 영세화의 구체적인 특징을 보자. 첫째, 반월공단 내 '임대 사업자 수'는 매해 급증하고 있다. 1997년 18개, 1998년 28개에 지나지 않던 것이 2003년 77개, 2004년 86개로 늘어났다. 둘째, 입주 업체의 규모별 현황을 보면, '100인 미만 업체' 비율이 1989년 74.0퍼센트에서 2003년 80.4퍼센트로 늘어난 반면, '300인 이상 업체'는 3퍼센트에서 1퍼센트로 줄었다. 셋째, 경제 위기 이후 '사업체당 평균 노동자 수'는 매해 감소해 영세화 경향을 뚜렷하게 반영하고 있다. 1997년 51명, 2001년 44명, 2003년 34명, 2007년 32명, 2009년 25명으로 줄었다. 넷째, 이윤에서 노동이 받는 몫인 '노동분배율'이 지속적으로 감소하는 경향을 보인다. 1992년 0.2901에서 1997년 0.2762, 2002년 0.2593으로 떨어졌다(심상보 2010). 마지막으로 반월공단을 걷다보면 아파트형 공장에 내걸린 공장 임대 플래카드가 자주 눈에 띤다는 점이다.

둘째, 고용 패턴의 변화에서 눈에 띄는 것은 단연 파견의 확대다. 택배 물류 분류, 건물 청소, 시설 경비, 배선 밴딩, 제품 포장 등의 단순직에서 반도체 칩 조립, 반도체 현미경 검사, 염색 가공, 도금 도장, 설비 조작, 자동차 부품 조립 등 생산직까지 모두 파견이다. 언제부터인가 4000원짜리 파견이 무제한적으로 확대되기 시작했고, 안산 반월공단 지역에는 전국 최대의 날품팔이 용역 시장이 형성됐다. 전문 파견 업체만 해도 100여 개에 육박한다. 허가를 내지 않고 운영 중인 업체도 100여 개에 이른다. 파견의 왕국이라 할 만하다. 철가방에 실려와 공장 앞에 줄선 사람들을 이미지로 만든 삽화는 파견의 현실을 재치 있게 형상화하고 있다(임인택 2009). 그때그때 '주문에 따라' 사용하는 파견은 제멋대로 남용되고 해고되는 경우가 다반사라 파견 노동자는 크리넥스 티슈 조각으로 여겨지기 일쑤다. 파견을 포함한 비정규의 확산은 안산에서만 벌어지는 일은 아니다. 이명박 정부의 노동 로드맵인 〈국가고용전략 2020〉(2010)은 제품과 광고 영업, 경리사무, 웨이터 같은 부문까지 파견 업종을 추가하고 확대하는 방안이 핵심이다. 그때그때 주문에 따라 철가방에 실려 출근하는 파견의 방식은 우리 사회의 곧 다가올 미래다.

셋째, 노동 과정이 지극히 개별화돼 있어 노동자의 집단 문화는 사라진 지 오래다. 일할 때는 옆 사람하고 말하지도 못한다. 멍 때리며 볼트를 조일 뿐이다. '강요된' 침묵의 노동은 동료 관계를 침식하고 개별화하기 마련이다. 어느 순간 체육 활동은 자취를 감췄다. 일터에서 공동체적 관계를 구축할 여유가 사라지면서 결과적으로 집단적인 노동자 문화는 상실되고 철저히 개별 노동력으로 남게 된다. 파견 노동자들이 한탄 기계의 부속물에 지나지 않는다는 현실을 보여주는 이야기를 들어보자.

> 근무 중 말을 하지 않는다는 사실은 충격적이었다. 특히 파견 노동자들은 입이 없다고 해도 지나치지 않다. …… 휴대전화 통화나 문자 확인은 도덕과 상식, 인륜을 망각하는 짓이 된다. …… 작업 효율을 높이려고 음악도 듣지 못하게 하는 마당이다. …… 오후로 넘어가면 힘들어서 말을 하려 해도 할 수 없는 상황이다. (《한겨레21》 2009년 9월 18일)

날삯을 받고 일하는 날품팔이라 회사에 애착도 없어 오늘 일하다 내일 그만둬도 미련이 없다. 소외가 일상화돼 있고, 자연스럽게 호텔 투숙객 같은 마인드를 갖게 된다. 오늘 떠날 수도 있고 내일 떠날 수도 있는 까닭에 굳이 관계를 가지려 애쓸 필요가 없다. 소외와 비인간화가 연이은 자살로 이어진 폭스콘[5]의 불편한 진실이 먼 나라 이야기만은 아니다.

넷째, 일과 삶의 관계 측면에서 건강한 방식의 재생산이 불가능하다. "시간이 있어야죠!"라는 하소연이 이곳저곳에서 쏟아진다.

기본 시간은 12시간 장시간에다 저임금에다가 …… 문화라는 것은 굉장히 말초적인 것밖에 없죠! 술 먹는 거, 앉아서 TV보는 거. 이 이상의 잠자고 먹고 자고, 먹고 자고 놀고, 먹고 자고 일하고! 기본 그것만 하는 것도 너무 힘드는 생활인거에요. 문화라는 게 있을 수가 없는 거에요. 노동자들이 기껏 하는 게 게임하고 문화라는 게 없고! 그리고 사람관계도 다 깨져버리고. 시간이 있어야 만나죠! 친구를. 시간이 없으니까. 우리 언니도 일하는데 무슨 시간이 있어야 만나지! 요기는 그게 없어요. 뭐가 없나면은 개인의 사생활이 없는 거에요. 근무시간이 지 맘대로 바뀌고 개인생활이라는 게 없고 자기 개인의 사생활을 전혀 보장, 고려하지 않는 거죠. 해라하면 하는 거고. (반월공단 어느 공장 노동자 아내의 인터뷰 중에서)

진 빠지는 날품팔이 노동으로 모든 게 소진돼서 삶 자체가 없다. 여가는 일과 잠이라는 악순환의 사이클 사이에 끼어들 여지가 없다. 기껏해야 고된 노동을 견디기 위해 생리적으로 회복하는 차원의 휴식에 불과하다. 그나마 남는 시간은 텔레비전 시청이나 컴퓨터 게임 같은 수동적 여가나 술집 또는 유흥업소에서 보내는 말초적 여흥으로 채워진 다(《한겨레》 2006년 12월 18일). 거창한 나들이는 아니지만 영화 보고 아이들이 좋아하는 피자로 점심을 즐기고 필요한 물건을 살 수 있는 대형 마트 나들이(몰링malling족)는 주요한 주말 여가 중 하나다(심성보, 2010). 노동 시간은 생활 세계에 영향을 미치는 핵심 변수다. 장시간 노동이 만연한 한국 사회에서는 더욱 그렇다. 노동 시간의 문제가 중요하게 고민돼야 하는 이유다.

마지막으로 달려도 제자리일 수밖에 없는 게 비정규 계층의 현실이다. 일자리도 희망도 없다. 남은 건 절망뿐이다. 영국의 영화감독 켄 로치의 표현을 빌리자면, 날품팔이에게는 "돌이 비처럼 쏟아진다."6 달 리기를 멈추면 그대로 낭떠러지다. 행여 다치기라도 하면 정말 끝도 안 보이는 가난으로 직행하는 것이다. 그래서 아프면 끝장이라는 불안 과 공포가 팽배하다. 사회보장 시스템의 두께 또한 더욱 얇아지고 있다. 이제는 물리적 하한선도 심리적 하한선도 없어진 상황이다('깨진' 호리 병형 계층 구조).7 날품팔이의 삶은 더는 희망을 담보하기 어렵다. 희망 의 상실은 체념으로 이어진다(West 2001; 2005). 앞으로 나아질 것이라는 기대조차 없는 체념의 태도가 만연해 있다. 생존에 급급하게 된다. 생존 을 위한 뜀박질에 내몰릴 수밖에 없다.

날품팔이의 일

어느 빵공장에서 정규직 전환을 조건으로 일하던 20대 비정규 노 동자가 고된 노동을 도저히 버티지 못하다 그만두고 나오게 된 경험을 이야기한다. 몸무게가 15킬로그램이나 빠질 정도로 진 빠지는 일의 연 속이었다고 기억한다.

> 들어간 지 한 1년 정도 됐는데 15킬로나 빠졌어요. 살이……기본 12시 간 장시간에다 저임금에다가…….

'안산 반월공단에 있는 자동차부품업체 SJM 같은 경우 노동자들 스스 로 잔업·특근을 원하는데, "조합원들의 평균 잔업·특근이 월 61시간인데 생산 현장 노동자들만 보면 한 달 80시간 넘게 초과노동을 하고 있다. 본인이 원치 않으면 잔업·특근을 안 해도 된다. 하지만 그런 사람은 거의 없다. 다들 특근을 하나라도 더 하려 든다. 장시간 노동으로 산재·과로사 등이 우려되지만 저임금 구조 때문에 **먹고살 기 위해 앞다퉈 잔업·특근을 하는 판이라……**." (《한겨레21》 2003년 3월 13일)

간혹 잔업과 특근이 '스스로 원해서' 문제가 없다는 식으로 이야기 하는 경우가 있다. 그러나 잔업과 특근은 날품팔이에게 사실상 '강제된' 노동이나 다름없다. 기본급이 워낙 낮아 생계를 보충할 수단으로 마지 못해 잔업과 특근을 할 수밖에 없는 현실 탓이다. '강제된' 노동이라고 표현한 더 중요한 이유는 기본급이 워낙 낮아 잔업 수당이나 특근비를 줘도 회사의 비용 부담이 크지 않다는 점이다. 다시 말해 회사 처지에서 는 돈 몇 푼을 더 주더라도 공장을 가동시키는 편이 비용이 덜 든다. 관리자는 "이럴 줄 모르고 회사 왔냐"는 식으로 정시 퇴근하려는 노동자 를 힐난한다. 아예 잔업이 취업의 전제 조건이 되는 경우도 많다.

날품팔이의 작업장 경험을 보면, 일하는 시간이 너무 길어서 힘들 다는 비율이 40퍼센트에 이른다. 노동 강도 또한 너무 세다는 비율이 32퍼센트나 된다. '길고 힘든' 노동 자체가 삶을 소진시키는 게 현실이 다. 임금 수준도 안 좋다. 하는 일에 견줘 임금이 너무 적다는 하소연이 64.9퍼센트로 상당히 높다. 이런 현실은 안산 지역의 평균 임금 자료에 도 고스란히 나타난다.

비정규직 평균 임금을 보면 122만 7000원에 지나지 않는다. 비정 규직 여성의 경우 100만 원을 간신히 넘기는 수준이다. "12시간을 한

표 3-3 비정규직의 애로 사항

항목	비율
하는 일에 비해 임금이 너무 적다	64.9
노동시간이 너무 길어서 힘들다	39.8
노동강도가 너무 세서 힘들다	31.9
하는 일이 위험해서 언제 다칠지 모른다	28.0
복리후생이 빈약해서 불만이다	39.1
관리 · 감독자가 인격적 대우를 하지 않는다	15.4

* 단위: %, 복수 응답
* 안산 · 시흥비정규노동센터(2007)

표 3-4 안산 지역 정규–비정규직 평균 임금

	정규직	비정규	비정규 남성	비정규 여성
평균 임금	217.9만원	122.7만원	137.4만원	101.5만원

* 안산 · 시흥비정규노동센터(2007)

표 3-5 고용 형태별 노동 조건(2010년)

	국민연금	건강보험	고용보험	퇴직금	상여금	시간 외 수당	유급 휴가	주5일제	노조 조직률
정규직	97.3	98.6	82.8	99.4	96.8	70.1	88.5	70.6	19.9
비정규직	32.2	37.3	35.8	29.2	32.5	16.8	22.7	36.1	1.7

* 단위: %
* 김유선(2011)

표 3-6 소득에 따른 생활 수준

항목	빈도(개)	비율(%)
생활을 유지하기에 충분히 여유 있는 수준	22	7.1
여유 없지만 교육, 의료 포함 생활 영위 가능	60	19.3
필수 의식주만 해결할 뿐	148	47.6
매월 적자를 보고 있는 상황	67	21.5
부채를 감당 못해 개인 파산 상태 혹은 경험	14	4.5
합계	311	100

* 안산 · 시흥비정규노동센터(2007)

달 내내 일해 가지고 150만 원이 안 되는 돈"을 버는 꼴이다. 맞벌이를 가정해 계산해도 250만 원을 채 넘지 못해 건강한 방식의 재생산은 거의 불가능하다.

비정규직의 노동 조건은 임금 말고도 여러 가지로 열악하다. 많은 경우 '필수 의식주만 해결'(47.6%)하는 수준이며 '매월 적자'(21.5%)를 면치 못하고 있다. '부채를 감당하지 못해 개인 파산을 경험'(4.5%)한 사례도 적지 않다. 간신히 연명할 정도의 소득으로는 재생산이 여의치 못해 날품팔이 노동은 박탈의 원천 그 자체다. 비정규직과 빈곤이라는 악순환의 수레바퀴에 갇힐 수밖에 없는 위태로운 삶이 계속된다. 그야말로 날품팔이에게는 "돌이 비처럼 쏟아진다."

미래 서사 없는 삶

노동 세계의 불안정성이 더욱 커졌다. 이제 노동 세계에서는 불확실성만이 확실하게 됐다. 노동자의 삶 또한 날로 불안해졌다. 독일의 사회학자 울리히 벡은 위험스럽게 동요하는 노동 세계에 내몰려 정상적인 개인사를 포기해야 하는 모습을 일컬어 '위험사회Risk Society'로 진단한다(Beck 2006, 75).

위험사회에서 '성장-일자리'의 연결 고리는 끊어진 지 오래다(고용 없는 성장jobless growth). 기업의 매출은 늘어도 일자리는 늘지 않고 있다. '일자리-복리 후생'의 연결 고리 또한 해체되면서 사람들은 질나쁜 일자리에서 허우적거릴 뿐이다. 성장, 일자리, 복리 후생 사이의 관계가 깨진 것이다. 고용의 불안이 우리 삶을 고스란히 관통하고 있는 형국이다. 자신의 삶을 연속적인 이야기로 써내려가는 서사적 삶은 더욱 힘겨워졌다.

위험사회에서 날품팔이의 삶은 미래 서사가 없다. 위험사회에서 고용 불안이 주는 타격은 하층에게 더욱 직접적이기 때문이다. 경제적 측면뿐만 아니라 가족 차원, 사회 심리적 차원, 미래에 관한 태도 차원에서도 고용 불안은 하층의 삶을 위협한다.

그야말로 미래 서사가 불가능한 삶이 지금 여기에 펼쳐져 있다. 첫째, 일 자체가 고되고 육체적으로 힘들어 남는 시간에 무언가를 적극적으로 기획하기가 여의치 않다. 진한 피로감을 떨칠 만한 여유가 없다 (잠에 취한 직장인들의 주말 풍경, 일과 잠, 일과 잠으로 반복되는 교대제의 일상). 그나마 남는 시간은 밀린 잠으로 때우는 경우가 많다. 지나친 노동으로 일상 대부분은 비활동적이고 단순하고 소극적인 활동으로 제한된다(Parker 1995, 91~106). 어느 노래 구절처럼 날품팔이의 삶은 "피땀 어린 고생이 가득한 빌어먹을 인생"이다.

둘째, 장시간 노동으로 남는 시간을 충분히 확보하기 어려워 일과 삶의 균형을 도모하기가 여의치 않다. 매일 퇴근이 10시~11시라면 집은 여지없이 하숙집으로 전락한다. 맞벌이의 경우 부부 생활이 아니라 여관 생활이나 다름없다. 곡예사처럼 일과 삶의 아슬아슬한 줄타기를 계속할 수밖에 없다.

셋째, "매일 12시간을 한 달 내내 일해도 150만 원이 안 되는 돈"을 벌기 때문에 가족의 생계가 가능하려면 맞벌이를 해야 한다. 이런 맥락에서 맞벌이는 자발적 선택이 아닌 강제적 필수다. 아이를 둔 맞벌이 부부의 경우 가족 지원을 받지 못하면 육아는 사실상 불가능하다.

넷째, 주말이면 산과 바다와 강으로 떠나는 주말 여가는 날품팔이

에게는 그저 환상에 지나지 않는다. 생리적 회복을 위한 최소한의 시간
조차 마련하기 어렵기 때문에 여가는 그림에 떡에 지나지 않거나 그저
남의 이야기에 그친다. 여가가 노동으로 쌓인 스트레스를 해소해줄 최
소한의 기능도 못하고 있다.

다섯째, 닐품팔이에게 합리적 선택은 오직 '돈'을 위한 장시간 노동
일 수밖에 없다. 잔업 수당과 특근비를 포기하면서 가족하고 자유 시간
을 보내는 것은 합리적 선택이 아니게 된다. "아빠 강화로 갯벌 체험하러
가요!", "여보 주말에 〈도가니〉[8] 보러 갈래요!"라는 가족의 요구에도
"도가니 같은 소리하고 자빠졌네!"라는 자조 섞인 푸념을 내놓을 수밖에
없는 이유이기도 하다.

마지막으로 불규칙한 노동으로는 장기적인 미래를 기획하는 것
또한 불가능하다. 이번 달 소득이 얼마인지, 다음 달 소득은 얼마나
될지, 내년에는 이곳에서 일할 수 있을지 모르는 초단기 계약 노동자에
게 미래는 그저 불안 그 자체다. 근무 기간 1년 미만인 단기 근속자
비중이 전체의 34.6퍼센트로 OECD 국가 중 가장 높다(김유선 2012). 3개월
짜리, 6개월짜리 인생에게 미래는 공포일 뿐이다.

이국적인 또는 게토가 된 원곡동

이국적인 원곡동

안산 반월공단에 이주 노동자가 늘어나면서 거리 풍경 또한 빠르
게 변하고 있다. 여러 나라의 언어로 쓰인 간판, 세계 각국의 국기가
그려진 광고판, 이국적인 향료 내음, 돼지귀무침, 개구리볶음 같은 새롭

고 진귀한 메뉴들, 망고스틴, 두리안[1]처럼 흔히 접할 수 없는 과일, 삼삼 오오 모여 있는 공원의 외국인들, 외국인으로 넘쳐나는 주말 길거리, 현지 스타일의 음식을 파는 식당만 150곳. 이태원을 묘사하고 있는 게 아니다. 여기는 안산역 앞 원곡동이다.

안산에 이주 노동자가 본격적으로 들어오기 시작한 시기는 1990 년 전후였다. 그 수는 빠르게 증가해 현재 5만여 명에 육박한다. 이주 노동자 인구 규모에서 전국 지자체 중 가장 많다. 하청, 사양, 공해, 중소 영세 업체가 밀집한 반월공단은 임금 인상과 높은 금융 비용, 지가 상승, 경제 위기, 가격 경쟁력 상실 등에 직면했다. 특히 영세한 중소업 체들은 인력 부족이 심각한 상태였는데, 단순히 인력을 충원하는 수준 을 넘어서 생산 비용을 적극적으로 절감하기 위해 이주 노동자를 수용 했다. 업체들은 등록 이주 노동자는 물론이고 미등록 이주 노동자까지 대거 수용하면서 인력 부족과 경제 위기의 이중고를 타개하려 했다.

이런 맥락 속에서 중국 조선족을 비롯해 인도네시아, 필리핀, 베트 남, 방글라데시 등 동남아시아의 이주 노동자들이 대거 유입된다. 기록 을 보면, 인도네시아, 중국, 필리핀, 베트남, 방글라데시 출신 이주 노동 자들이 많았다(1999년 기준). 지금은 한국계 중국인과 중국인이 3만 437명으로 전체의 68.8퍼센트를 차지하고, 우즈베키스탄, 베트남, 인도 네시아, 필리핀 등이 그 뒤를 잇는다.

오랫동안 안산 지역에서 이주 노동자 운동을 해온 목회자의 이야 기를 들어보면, 1980년대 말과 1990년대 초에 이주 노동자들이 유입되 던 상황과 그때 기업을 둘러싼 조건들이 어떻게 얽혀 있는지를 간접적 으로 파악할 수 있다.

표 3-7 안산시 등록 외국인 추이

1992	1995	2000	2001	2002	2003	2004
329	3,337	8,662	7,962	8,799	20,062	20,089
2005	2006	2007	2008	2009	2010	2012
18,228	24,256	29,673	32,816	34,147	38,971	44,804

* 단위: 명
* 안산시 외국인주민센터

표 3-8 이주 노동자 현황 비교(1999, 2012)

이주 노동자 현황(1999년)			이주 노동자 현황(2012년)		
	국가	인원		국가	인원
1	인도네시아	862	1	중국	30,437
2	중국	552	2	우즈베키스탄	3,266
3	필리핀	316	3	베트남	2,650
4	베트남	263	4	인도네시아	1,368
5	방글라데시	213	5	필리핀	996
6	우즈베키스탄	95	6	스리랑카	646
7	태국	71	7	네팔	592
8	스리랑카	70	8	러시아	588
9	파키스탄	65	9	방글라데시	513
10	네팔	58	10	몽골	467

* 단위: 명
* 외국인노동자대책협의회(2000), 안산시 통계(2012)

표 3-9 원곡본동 한국인과 등록 외국인 추이

구분	2004	2005	2006	2007	2008	2012
한국인	18,023	20,313	21,056	22,085	37,600	32,604
외국인	5,653	5,368	8,708	12,750	15,310	17,659

* 단위: 명
* 안산시, 《안산통계연보》 각 연도.

88년 올림픽이 끝나고 한두 명씩 입국한 것 같아요. …… 92~93년경에 파키스탄에서는 한국 열풍이 불었어요. 한국 가면 돈 번다는 소문이 났었어요. …… '출입국 관리도 허술하고, 일자리도 많다'라는 소문이 돌았던 것 같아요. '출입국만 통과하면 먹고 산다'는 …… 한 달에 80만 원 정도 벌 수 있었으니까요. …… 당시 도금 업체들이 많았는데, 인력이 부족했다기보다는 사람을 못 구했어요. 워낙 장시간 근무에 환경도 안 좋다 보니까. …… 그래서 임금도 낮고 보험도 필요 없는 이주 노동자들을 데려오기 시작했어요. 이후 온 분야에서 이주 노동자들을 쓰기 시작했어요. 물건은 뽑아내는데, 120만 원 줄 필요 없이 80만 원만 쓰면 되니까. …… 세금 낼 필요도 없고 하니.

1990년대 들어 정리 해고, 파견 합법화, 공장 이전, 아웃 소싱 등 구조 조정이 가속화하면서 반월공단의 중소 업체들은 상대적으로 임금 수준이 낮고 경기 변동에 따른 고용 조정이 손쉬운 이주 노동자를 활용하기 시작했다. 공단 노동자들이 빠져나가면서 '사람을 못 구할' 정도로 인력난이 심해졌고, 그 자리는 자연스럽게 '물건을 뽑아내는 데 아주 값싼' 이주 노동자들로 채워졌다. 이렇게 반월공단은 노동력의 저수지라고 불릴 정도로 국내 최대의 이주 노동자 고용 지대가 됐다.

그중 원곡동은 대표적인 이주자 밀집 주거지다. 특히 원곡본동의 경우 안산시 등록 외국인의 39.4퍼센트인 1만 7000여 명이 거주하는 대표적인 이주 노동자 집단 거주지다. 주말이면 안산역 앞 '국경 없는 거리'는 전국에서 모인 이주 노동자들로 북적거린다.

이주 노동자들이 원곡동으로 대거 유입된 이유 중 하나는 반월공단에서 가깝고 안산역을 거치는 지하철과 주요 버스 노선을 쉽게 이용할 수 있어 출퇴근 비용을 줄일 수 있기 때문이다. 또한 반월공단 노동자를 고려한 주거지로 건설된 계획 지역이라 상업 시설과 편의 시설을 잘 갖췄고, 다가구 주택과 원룸형 주택이 많아 주거비 또한 상대적으로 싼 것도 중요한 요인이었다(정건화 외 2005, 152~153; 한정우 2009, 54~55).

한편 이주 노동자들에게 일 이외의 삶은 거의 존재하지 않는다고 해도 지나친 말이 아니다. 일단 이주 노동자들에게 여가 시간은 문자 그대로 '절대적으로' 적다. 이주 노동자 대부분은 영세 사업장에서 토요일 근무를 포함해 주당 50~60시간 일하고 있다. 외국인이주노동운동협의회가 2011년 5월 전국의 이주 노동자 931명을 조사한 결과를 보면, 하루 평균 노동 시간은 12시간이었다. 하루 10~14시간 일한다는 노동자도 47.3퍼센트였다. 최저 임금 수준의 낮은 급여 탓에 연장 근로와 휴일 근로가 일상적이다.

> 하루 10~14시간 일하기 때문에 …… 평일 퇴근 후 숙소에서 밥 먹고 씻고 자기 바쁘다. 가끔 텔레비전을 보거나 동료들을 만나기도 하지만, 빨래와 청소 등 집안일까지 하고 나면 잠들기 바쁘다. (《노컷뉴스》,
> 〈일하러 왔으면 놀지도 마 … 쉴 곳 없는 이주노동자〉 2011년 12월 5일)

게토가 된 원곡동

우리가 눈여겨볼 대목은 이주자 집단 거주지인 원곡본동이 공간적으로 격리되는 양상이다. 나아가 공간적 게토화ghetto(공간적 격리)가 일상으로 전이돼 사회적 차원과 문화적 차원의 게토화(사회적 배제social exclusion)로 증폭한다는 점이다. 이를테면 영화 《로니를 찾아서》에서 한 중년은 동네 친구에게 "저녁에는 그쪽으로 딸 심부름 시키지 마!"라고 대놓고 이야기한다. 여기서 그쪽은 이주자 집단 거주지를 가리킨다.

이주 노동자 거주지는 보통 위험 지대No-go area이자 범죄의 온상으로 여겨진다. 무적자들의 소굴이자 문명의 빛이 닿지 않는 '어두운' 땅으로 그려진다. 이주 노동자를 다룬 미디어의 보도는 절반 넘게 살인, 강도, 강간, 절도, 폭력 등 범죄들이 '잠식'한다. 그중 성폭력 사례가 선정적으로 집중 보도된다. 이주 노동자의 범죄가 문제가 아니라는 말은 아니지만, 이주자가 빠르게 증가하는 상황에서 인종주의가 범죄와 결합해 이주자(의 범죄)를 '사회의 적folk devils'(Cohen 2003)[10]으로 형상화해 문제적인 존재로 규정하는 시선 자체가 더 문제라는 것이다. 범죄를 선정적으로 전하는 미디어의 보도에는 안전에 관한 대중의 불안을 자극하면서 이주자 통제를 정당화하려는 치안 논리가 작동하고 있다. 이주 노동자(의 범죄)를 문제적으로 바라보는 사례를 보자.

안산에 가면 이국적인 외모의 외국인 노동자들을 쉽게 마주칠 수 있다. 이들 외국인 중 대다수는 불법 체류자들로 구성되어 있다. 문제는 이 외국인들의 한국 여성들을 대상으로 한 성범죄가 위험 수위에 도달했다는 것. 지난해 안산 지역 불법 체류자들에게 성범죄를 당했다는 한국 여성의 신고는 무려 180여 건. 이틀에 한 번 꼴로 성범죄가 일어나는 셈이다.[11] …… 상황이 이렇다 보니 원곡동의 밤거리에서는 여성을 찾아보기 힘들다. 외국인에게 성폭행을 당했다는 흉흉한 소문들과 떼 지어 여성을 물색하는 외국인 노동자들이 있어서다. 안산의 경우 성폭행, 성추행 등과 같은 범죄가 빈번히 발생하는 것으로 알려져 있다. 이 지역은 공단의 외국인 노동자들에게 '강간 천국'이라고까지 불린다고 한다. 《일요시사》, 〈안산공단 인근은 외국인 노동자 성범죄 천국〉 2007년 10월 19일)

외국인 노동자 사는 동네 잠깐 살아봤는데 진짜 무섭다. 싸움을 하면 흉기고 성추행, 성폭행도 발생하고 저소득층과 서민 일자리 빼앗고 우리나라 치안 나빠지게 하는 외국인 노동자와 불법 체류자는 우리나라의 골칫거리다. …… 포천, 안산, 김해, 시흥은 외국인 사는 동네 무서워서 못 다닌다. 말 그대로 돈 벌러 왔으면 돈만 벌어라. 범죄 저지르지 말고! (어느 이주 노동자 관련 기사에 달린 답글)

일상적인 사회관계에서도 이주자를 범죄시하는 경향은 상당히 짙다. 이주 노동자를 질병과 범죄의 숙주로 여기는 이야기를 곳곳에서 접할 수 있다. 얼마 전 부산의 한 목욕탕에서는 이주자를 손님으로 받지 않겠다는 안내문을 붙인 일도 있었다. 이주자는 에이즈 환자일 가능성이 높다는 게 이유였다(〈노컷뉴스〉, 〈에이즈 위험 물 더럽혀 안돼〉 2011년 10월 13일). 일상에서도 이주자를 상대로 울타리를 치는 행위가 벌어지고 있다.

다음으로 다문화 정책의 한계를 살펴봐야 한다. 1990년대 중반까지 지자체의 이주 노동자 지원은 거의 전무했다. 이주민과 이주 노동자들을 지원한다는 것은 '업무 밖', 곧 제도 밖의 일이었다. 지자체가 발 벗고 이주자를 지원한다는 것은 낯선 일로 여겨졌다.

그러다가 2000년대 중반 국경 없는 거리 프로젝트 이후 이주자 지원이 활발해지기 시작했다. 2007년 4월에는 이주민을 지원하기 위한 '안산시 거주 외국인 지원 조례'를 제정했다. 안산시는 2008년 3월 원곡동에 최초로 17명으로 구성된 외국인 전담 부서인 '외국인주민센터'를 개관하기도 했다. 2009년에는 최초로 거주 외국인의 인권 보호를 목적으로 '안산시 외국인주민 인권증진에 관한 조례'를 제정했다.

이렇게 다문화라는 이름 아래 다양한 정책이 쏟아지고 있지만,

이주민 가족을 중심으로 처우를 개선하는 활동에 머물고 있는 것 또한 사실이다. 현재의 다문화 정책은 이주 노동자를 배제하고 있으며, 나아가 이주노동자를 둘러싼 노동 문제 상담이나 작업장 환경을 비롯한 노동 조건 개선에 관한 논의도 간과하고 있다.

교육 차원에서도 이주 노동자들은 사각지대에 놓여 있다. 교육과학기술부는 2010년 초중등교육법 시행령을 개정하면서 미등록 이주 노동자의 자녀도 초등학교와 중학교를 다닐 수 있게 했다. 그렇지만 학급이 매우 적다. 경기도를 기준으로 보면 특별 학급은 안산 2개, 시흥 2개, 안성, 부천, 포천, 가평, 성남, 양주 각 1개 등 10개 학교에 13개 학급에 불과하다. 2010년 국가인권위원회의 조사에 따르면 많은 학생들이 입학 거부를 당했다고 한다. 입학하더라도 이주자 자녀들은 '특별' 관리가 들어가는 경우가 많다.

다문화 가정 출신의 한 학생이 공문서를 들고 왔다. 학교에서 무슨 서류를 작성해 오라는데 서류의 제목이 '다문화학생 관리카드'였다. 이 아이는 학교에서 자기 같은 아이들만 특별 관리하는 것 같아 매우 기분이 나빴다고 한다. 그래서 "선생님 여기 조사하는 것에 대답 안 하면 안 돼요?" 하고 물었다. 선생님은 절대 안 된다고 하였다. 그리고 안산시에서 다문화 가정 자녀 급식 지원 추천 요청이 왔는데 절대 추천을 안 해 주겠다는 것이다. "저는 급식 지원이 필요 없는데요." 그러자 선생님은 "하라면 해"라며 윽박질렀다. 학생은 다시 물었다. "선생님 이거 왜 기록해야 돼요?" 이때 선생님의 대답이 일품이다. "너는 알 것 없어!" 아이들이 무슨 문제가 있거나 범죄자도 아닌데 '다문화학생 관리카드'를 돌리면서 학생 본인 의사와 상관없이 일방적인 선생님의 요구로 아이들 마음에 상처를 주고 있다. 왜 학교에서 그러한가 하고 내용을 알아보니 다문화 가정 자녀를 상대로 어떤 프로그램을 실시하려는데, 이들에 대한 정보와 자료가 필요하여 이들에 대한 정보를 제공하기 위해 조사를 하고 있었다. 그런데 문제는 다문화 가정 자녀를 돕는다며 이들의 의사나 인권은 무시되고 일방적으로 필요 이상의 조사를 한다는 것이다. 여기저기에서 중복, 반복적으로 조사를 할 때마다 아이들은 일방적인 물음에 거절할 수도 없이 계속적, 일방적으로 자신들의 정보를 계속 이야기해야 하는 상황이다. 지금의 다문화 가정의 자녀는 여기저기 각종 단체 학계 등의 연구 대상이거나 관리 대상으로 취급되고 있는 것이다. (박천응 2010)

이런 상황이라면 이주 노동자들은 도시민으로 누려야 할 삶의 권리는 박탈당한 채 값싼 노동력을 착취당하는 노동 기계로 취급되는 것과 다름없다. 세계화 시대 이주자가 지니는 '도시권'을 더욱 고민해야 할 이유가 여기에 있다. 이제 우리는 이주를 물리적 지원이나 시혜의 차원을 넘어 대안적 시민권의 맥락에서 봐야 한다. 여기에는 노동권을 비롯해 주거권, 건강권, 사회 서비스, 공공 공간을 누릴 권리, 공교육 접근권, 문화적 다양성의 존중, 취약 계층 보호 등을 제도적이고 실질적으로 보장하는 조치가 포함된다(강현수 외 2012).

제기되는 문제들에 관해 고민하고 해결하려는 노력이 뒤따르지 않는다면 현재의 다문화 정책은 전체 이주자를 위한 지원 정책이라기보다는 관리와 차별을 유지하는 데 기여하는 제한적인 정책이라는 비판을 면하기 어렵다.[12]

04

시간을 둘러싼 투쟁

1. 시간을 둘러싼 정치

성월요일

성월요일St. Monday은 월요일을 휴일로 여기는 영국의 오랜 풍습이다. 그런데 이 오랜 풍습은 19세기 중반 사라지기 시작했다. 성월요일이 사라지는 과정은 대공장으로 표상되는 산업화에 밀접히 연관된다. 영국의 역사학자 더글라스 라이드(Reid 1976: 1996)는 산업화 시기 성월요일 풍습이 사라져가는 과정을 선명하게 그려내고 있다.

19세기 중반까지 지속되던 성월요일은 노동자들에게 '친구의 날', '시장에 가는 날', '개인적인 일을 보는 날'로 여겨졌고, 지난주에 번 돈으로 술을 마시며 보내는 날이었다. 광산 지역 노동자들에게 월요일은 급료를 받는 휴일Pay Monday이었다(Thompson 1994). 성월요일에 노동자들이 자주 드나든 곳은 단연 선술집ale-house이었고, 음주는 가장 좋은 소일거리였다. 성월요일에 눈에 띄는 야외 스포츠는 길거리 권투나 투견이나 투계 같은 동물 싸움이었다. 1830년대 후반까지 투견과 투계는 매주 월요일에 정기적으로 열렸다. 1840년대 후반까지 노동자들의 평범한 오락이던 기차 소풍railway excursion도 대부분 월요일에 출발했다.[1]

노동력을 파괴하는 악

고용주들은 성월요일에 넌더리를 쳤다. 성월요일을 노동력을 파괴하는 '악'으로 여겼고, 시간 낭비, 불규칙성, 부절제 등으로 간주했다. 고용주들은 여성 노동력을 활용해 노동의 비정규성을 제거하려 했지만, 월요일 결근율은 여전했다. 또한 고용주들은 숙련 노동자의 성월요일 관행에 불만을 표출하기도 했지만, 언제나 불만에 그쳤다.

숙련 노동자의 위치가 상당히 독립적이고 과업을 받아 일한 뒤 급료를 받는 성과급에 기초했기 때문이다. 1860년대에도 일에 관한 태도는 과업 중심적이었다. 사람들은 가족 생계비를 버는 수준에서만 일했다.

> 사람들은 가족 생계비나 생필품비만을 버는 수준에서만 일했다. 그 이상으로 일하는 경우는 거의 없었다. …… 최저 임금을 받는 최저 계층의 노동자도 성월요일 관습을 지키려 했다.

> 저축할 생각은 하지 않고 …… 장래를 설계하려고 하지도 않으며 …… 욕구를 미래로 지연하기보다는 현재에 분출했다. (Rediker 2001, 140~142)

19세기 중반 성월요일은 크게 변화하기 시작했다. 블랙번의 경우 월요일 결혼은 1821년 48퍼센트에서 1861년 14퍼센트로 급감했다. 성월요일 풍습이 급격히 쇠퇴하게 된 계기는 대공장이 증기를 도입하면서 많은 노동자들이 산업의 규칙성을 따르게 됐기 때문이다(1835년 2,700h.p., 1870년 11,270h.p.). 고용주들은 엄격한 관리 장치를 동원해 공장-신체를 주조하려고 했다(Thompson 1994). '규칙성', '근면성habits of in-dustry', '신속함swiftness', '시간 엄수punctuality', '계산 능력', '시간 절약time-thrift'이 중요한 가치로 등장했다. 산업 리듬과 성월요일은 더는 양립하기 어려웠다. 대공장으로 표상되는 산업 자본주의에 성월요일은 맞지 않는 옷이었다. 욕망을 무제한으로 분출하는 신체는 꺼려졌다. 공장 리듬에 맞지 않는 비기능적 요소들은 밀려났다.

> 기계는 산업 운영에 있어서 규율을 의미한다. 만약 증기기관이 매주 월요일 아침 6시에 가동된다면, 노동자들은 규칙적이고 지속적인 근면성을 갖도록 훈련될 것이다. …… 나는 또한 기계로 인해 계산이 습관화되리라는 것을 발견할 수 있었다. (Thompson 1994)

토요일에 반 쉬니깨

라이드는 성월요일의 쇠퇴에 영향을 미친 또 다른 원인으로 토요일 반휴일 운동half holiday campaign을 꼽았다. 이 캠페인은 성월요일의 '퇴폐적인' 음주보다는 토요일 오후의 뮤직홀이 '건전'하고 '문명적'이라고 되풀이하던 도덕주의 담론과 강력하게 결합했다. 성월요일은 빅토리아 시대(1837~1901)의 수많은 도덕주의 팸플릿의 표적이 됐다.

토요일 반휴일 운동은 1850년 법제화된 뒤 더욱 빠르게 확산됐다. 토요일 오후의 미술관 관람, 유원지 산책, 노동자 클럽 활동, 정원 가꾸기, 축구나 크리켓 같은 오락 활동은 더 '건강'하고 '합리적'인 것으로 형상화됐다. 시간을 합리화하자는 자본주의의 선율은 여러가지로 변주됐다. '월요일에서 토요일로!' 또는 '비정기적인 시간 보내기에서 규칙적인 토요일 오후로!'

표 4-1 성월요일의 의미 변화

구분	산업화 이전	산업화 이후
노동 패턴	좀더 느슨한 노동 불규칙한 노동 패턴	더욱 조밀한 노동 규칙적이고 연속적인 노동 패턴
근면의 성질	자연 리듬에 부합하는 부지런함	공장 리듬에 부합하는 근면함
시간 태도	과업 지향(task orientation)	시간 지향(time orientation)
여가 범위	귀족, 유한계급 중심의 여가	여가의 대중화, 민주화
여가 성격		여가의 온순화
노동이 여가에 어떻게 영향?	불규칙한 노동 패턴→일과 여가의 구분이 인위적이지 않았음	규칙적인 노동 패턴→노동의 시공간에서 여가는 철저히 배제: 일과 여가의 분리
노동과 여가의 관계	19세기 중반에도 성월요일 관행과 마찬가지로 월요일에 하는 결혼식 및 기차여행의 빈도가 높았음	19세기 후반 이후 공장 리듬이 지배적이게 되면서 결혼식과 기차 여행은 점차 토요일 오후로 재배치
도덕 기준, 도덕 프레임의 등장	공통의 풍습	타락, 퇴폐, 게으름, 무지, 위험, 전염, 나쁜 관습으로 형상화
노동 윤리의 신성화	노동은 천한 것 가족 생계 이상이 아닌 것	노동=소명, 정규 노동=특권 규칙적 임금, 소득 극대화 태도
	소득 극대화 욕구 부재	과외 소득 추구 경향
욕구 표출 방식	욕구를 현재에 분출	욕구를 억제해 미래로 지연
담론적 실천과 장치들	단순히 이러저러한 탄식들	토요일 반휴일제(1850년), 합리적 오락 운동(1870년대)
민중 계층의 여가 변화	오랜 역사를 가지고 있던 '민중' 여가는 하나둘씩 사라지고 그 자리에 부르주아적인 '합리적' 오락이 배치. 길거리 놀이가 아닌 제도된 스포츠와 레크리에이션으로 대체	

'산업적 규율'이 슬그머니 스며들기 시작했다. "예전에는 아무 때
나 와서 일하는 경향이 강했는데, 토요일 반휴일 이후 노동자들은 더
규칙적이어야 했다." 한 노동자는 월요일 노동을 응분의 대가로 여겼다.
"토요일에 반 쉬니까! 월요일은 이제 잘 지켜야지!" 반휴일 캠페인이
확산되면서 성월요일은 무력화됐고, 산업적 규칙성은 더욱 강화됐다.

한편 19세기 후반 이후 '정기적인' 임금은 월요일 결근율을 낮추고
규칙성을 수반하는 핵심 기제였다. 젊은 노동자들은 정규직이 될 수
있는 기회를 하나의 특권으로 여겼다. 고용주의 임금 유인책이 어느

정도 효과를 냈다는 것을 보여주는 대목이다.

성월요일을 지지하는 사람들과 저항하는 사람들 사이의 간극이 더욱 커지면서 성월요일 관습은 점차 사리에 맞지 않는 것으로 여겨지게 됐고, 노동 계급의 전통에서 멀어졌다. 월요일의 결근과 태만은 도덕적 타락으로 낙인찍혔다. 결국 성월요일은 덜 긍정적인 관습으로 여겨졌고 부주의한 태도를 드러내는 표현이 됐다. "족쇄 같은 날shackling day" 같은 경멸적 용어로 표현되기도 했다. 어느 노동자는 동료에게 "토요일 반휴일이 있으니 성월요일을 자제하자"고 하고 있다. 성월요일은 '나쁜 관행evil practice'으로 여겨졌다.

성월요일이 나쁜 관행으로 여겨지면서 그 자리는 클럽 축구, 크리켓 같은 스포츠 활동과 공원, 정원, 근교 유원지, 뮤직홀, 미술관, 이동박람회, 보이스카우트 같은 레크리에이션 활동으로 채워졌다. 이런 '합리적 오락rational amusements'은 도덕적으로 우월하며 심신을 재충전하는 것으로, 선술집의 무지에 대비되는 '문화'의 첨병으로 묘사됐다. 또한 성월요일의 관행에 젖은 사람들을 개량시킬 수 있는 도구이기도 했다. 일종의 도덕 개혁이 진행된 것이다.

진보와 개선의 이미지가 녹아든 합리적 오락 운동은 시간의 합리적 사용이라는 이데올로기와 강력하게 조응하면서 성월요일을 무력화했다(Reid 1976, 80~99).[2]

근로자의 날

근로자의 날은 본래 세계 노동자의 날에서 비롯했다. 세계 노동자의 날(메이데이)은 1886년 5월 1일 시카고를 중심으로 미국 전역에서 일어난 8시간 노동제 쟁취 운동과 탄압 경찰에 대항해 투쟁한 노동자들을 기념하는 날이다.3 세계 노동자의 날은 1889년 프랑스 혁명 100주년 기념일에 세계 20여 개국의 노동자 대표 395명이 파리에 모여 국제노동자협회(제2인터내셔널) 창립 대회를 열고, 5월 1일을 국제적인 노동자의 기념일로 삼기로 결정하면서 시작됐다. 그 뒤 노동자의 날은 전세계 노동자들의 국제적 연대와 단결을 확인하는 기념일로 자리 잡으면서 노동운동을 고양시키는 중요한 계기가 됐다.

한국의 메이데이 행사는 1920년대로 거슬러 올라간다. 식민지 공업화가 진행되던 1920년대 한국에서는 노동자 계급이 성장하고 사회주의 사상이 보급됐고, '조선노동연맹회'의 주도로 1923년 노동자의 날 기념행사가 조직적으로 준비됐다. 노동 시간 단축, 임금 인상, 실업 방지 등을 주장하며 시위와 총파업을 계획했지만 실현되지는 못했다. 노동자와 소작농의 전국 조직인 '조선노동총동맹'이 활동 중이던 1925년에는 이런 슬로건을 내걸고 전국 곳곳에서 투쟁을 펼쳤다.

1. 8시간 노동과 최저 임금의 확정
2. 4할 소작료와 지세의 지주 부담
3. 식민지 착취 기관인 동양척식주식회사에 의한 일본 농민의 조선 이민 반대
4. 언론 집회의 자유 개방
5. 노동 민중의 문맹 퇴치

그 뒤 전국의 공장 지대는 메이데이 기념행사를 봉쇄하려는 일제

의 감시와 탄압 때문에 살벌했다. 메이데이 관련 단속 건수는 무려 1만 2000여 건(1926년 기준)에 이를 정도였다. 1929년 원산 총파업 이후에는 메이데이 기념 투쟁도 한층 격렬해졌고 일제의 탄압 또한 더욱 가혹해졌다. 그러나 감시와 탄압 속에서도 노동자들은 노동자의 날 기념 투쟁을 줄기차게 펼쳤다. 노동절은 단지 노동자와 자본가가 대결하는 투쟁의 장이 아니라 일제에 대항하는 반일 민족해방운동이라는 정치 투쟁의 성격을 지닐 수밖에 없었고, 따라서 노동자뿐 아니라 농민도 적극적으로 참여했다. 그러나 식민지 전 기간 동안, 일제의 탄압 때문에 노동자의 날 행사는 공개적으로는 열리지는 못했다(역사학연구소 2004, 84).

해방 이후 1946년 5월 1일 서울에서 열린 노동자의 날 60주년 기념식은 '조선노동조합전국평의회'(전평), 조선공산당, 경성지방평의회의 공동 주최로 약 20만 명이 참가해 진행됐다. 이밖에 인천, 제천, 이천, 대구, 대전, 백천, 장성, 춘천, 삼척 등 전국 곳곳에서 기념식이 열렸다.

노동절을 3월 10일로

남한 단독 정부가 수립되는 1948년부터는 노동자의 날이 '대한독립촉성노동총연맹'(대한노총)의 주관 아래 진행됐다. 그러나 대한노총은 노동자들이 전평으로 결집할까 두려워한 이승만 정권이 우익 청년 단체들을 모아 급조한 단체로 태생적 한계를 갖고 있었다. 기념행사는 미군정을 옹호하는 정치 선전으로 채워졌고, 노동자의 날이 지닌 의미는 변질됐다. 그나마 형식적으로 명맥만을 유지하던 5월 1일 메이데이는 "빨갱이의 날"로 치부됐고, 결국 이승만 정권의 지시로 1958년부터는 대한노총 결성일인 3월 10일을 노동절로 대체했다.

메이데이는 공산 괴뢰도당이 선전의 도구로 이용하고 있으니만치 반공하는 대한의 노동자들은 메이데이와 구별하여 우리 자유 노동자들이 경축할 수 있는 참된 명절이 제정되도록 하라. (박승욱 1990, 98~103)

1959년 3월 10일 제1회 노동절 기념 대회에서 대한노총은 노동자의 날을 반납하고 노동절을 3월 10일로 변경한 이유를 밝히고, 그 내용을 국제자유노동자연맹 사무총장에게 보낸다.

3월 10일을 노동절로 결정, 기념하게 된 것은 과거 5월 1일 메이데이를 경축 기념하여 왔으나 이는 적색 공산국가들 간에 공통적으로 기념되는 날로서 오직 자유와 평화를 사랑하는 대한의 노동자 대표들은 폭압하고 잔인무도한 공산 도당과 같은 날에 함께 즐길 수 없다는 의도하에 …… 대한의 참다운 민주적 노동자들이 공산당과 전평을 타도하고 민주 대한 노동자들의 총집결체인 대한노총을 창립한 3월 10일을 한국의 노동절로 축하하고 기념하기로 결정하였습니다. (한국노동조합총연맹 1979, 477)

그 뒤 '우리도 한 번 잘살아 보세'라는 개발 구호를 내걸고 군사 쿠데타를 합리화한 박정희 정권은 '노동자'라는 용어가 아니라 경제 개발 계획에 충실히 협조하는 '근로자'라는 개념을 사용하기 시작했다. 마침내 1963년 4월 17일 '근로자의 날 제정에 관한 법률'을 만들어 노동절의 이름마저 '근로자의 날'로 바뀌게 된다.[4]

근로자의 날이 된 노동절

3월 10일 근로자의 날은 근로기준법에 따라 유급 휴가일로 정해졌다. 그러나 정부는 이 날을 공휴일로 하지 않고 각 기관장 재량으로 유급 휴가를 주게 함으로써 한국노동조합총연맹(한국노총) 산하 노동자 23만 명만 유급 휴가를 받는 데 그쳤다. 기념식에서는 '모범조합원상'과 '산업훈장'을 수여했고, 노동자들은 산업 역군, 수출 전사, 모범 근로자로 호명돼 박정희 정권의 조국 근대화에 동원됐다.

근로자의 날 시행 초기에는 한국노총 산하의 노동자에게만 유급 휴가가 제공되던 것이 1960년대 중반을 넘어가면서 근로기준법을 적용받는 모든 노동자에게 확대됐다. 외연적으로 휴가 적용 범위가 확대됐지만 근로자의 날이 갖는 본래의 의미에서 보면 발전은 없었다. 실제로 1960년대 후반에는 노동 조건 개선과 노동자 권익 옹호를 위해 한국노총이 쟁의를 제기하거나 조직을 동원해 투쟁한 사례가 거의 없었고, 정부 정책에도 한국노총의 주장이 별로 반영되지 않았다. 한편 1970년 근로자의 날에는 한국노총이 전례 없이 노조의 정치 활동 참여를 당면 과제로 내걸었다. 나눠 먹기식 시상에 관한 문제 제기가 산하 노조원들 사이에서 나오면서 한국노총 간부와 산하 노조원들 사이의 갈등이 표면화되기도 했다.

전태일 열사의 분신으로 시작된 1970년대는 소외된 노동자들의 열악한 노동 조건을 알리고 노동 현실에 관한 전사회적 관심을 불러일으키는 시기였을 뿐만 아니라 '노사협조주의'를 천명한 한국노총의 반노동자적 횡포가 하나둘 드러나는 시기이기도 했다. 그러나 1971년 12월 27일 제정된 '국가보위에 관한 특별조치법'에는 "비상사태 하에서의 근로자의 단체교섭권 또는 단체행동권의 행사는 미리 주무관청에 조정을 신청하여 그 조정결정에 따라야'하며 이 조항을 위반하면 7년 이하의 징역에 처한다고 규정됐다. 이렇게 해서 노동 기본권은 사실상 봉쇄됐으며, 근로자의 날은 노동자가 어쩌다 운 좋게 하루 쉬는 날로 여겨지고 노사 화합의 날로 장려되는 데 그쳤다(박준성 2009).

1970년대 근로자의 날 행사는 한국노총이 주축이 되고 사용자 단체가 후원하는 형식이었다. 기념식에는 모범 근로자 시상과 해외 연수, 부부 동반 공공 관람 시설 무료 또는 할인 공개, 노동문화제 개최, 연예인 위로 공연, 노사 협조 성공 사례 발표회 등 각가지 문화 행사가 열렸다. 노동청에서는 근로자의 날을 시작으로 '노사협조 증진 강조 기간'을 설정해 강연회, 노사 협조 성공 사례 발표회, 노사 간담회를 진행했다. 1970년대 중반에 이르면 노동자의 힘을 과시하고 노동자들 앞에 놓여 있는 당면 과제들을 해결해나가는 '노동자 단결의 날'이라는 본래의 의미는 급격히 퇴색하고 '노동자의 명절'이자 '노사화합의 날'로 의미가 변해갔다. 1974년 근로자의 날에 나온 한국노총의 결의문은 이런 흐름을 잘 보여주고 있다.

1. 전산업 조직화로 국민총화 촉진하여 적색 침략 무찌르자!
2. 서해상에서의 북괴만행 규탄하며 피납어선과 선원의 즉각 송환 촉구!
3. 노사관계 근대화로 산업민주화 촉진!
4. 생산성을 향상하고 성과배분 실현!
5. 기업주는 물가상승에 따른 임금의 자동조정을 제도화!
6. 기업주는 GNP 및 기업의 경영실적에 따른 임금인상 실시!
7. 기업주는 분배구조개선하여 한계이하의 저임금 일소!

8. 정부는 합리적인 최저임금제 조속 실시!

9. 우리는 물자를 절약하고 생산성을 향상시켜 기업의 부실화를 방지!

1970년대 노동 운동은 독재 정권과 독점 자본의 착취를 더는 참을 수 없는 상태에 빠진 노동자들이 벌인 자생적인 운동이었다(역사학연구소 2004, 156). 이런 흐름 속에서도 1977년 한국노총은 근로자의 날 행사에 "노사 간의 협력 체제를 강화하기 위한 노사협의회법의 제정과 재해근로자들의 재활을 위한 근로원호법 제정 추진에 깊은 배려를 부탁한다"는 '박대통령께 보내는 메시지'를 발표한다. 1979년에는 한국노총에서도 근로자의 날로 표현하기로 정하고, "노사간 진정한 협조관계를 이룩하고 생산성 향상 과정과 배분을 합리적으로 조정해나가기 위해서는 본격적인 노사협의 제도의 도입이 필요하다"는 결의문을 발표한다.

혹독한 탄압으로 노동 운동이 무력해지면서 한국노총은 종교계를 비롯한 사회 세력의 비판에 직면했다. 한국노총은 노동자들의 요구와 노동 운동의 사회적 확산을 주체적으로 담아내지 못하면서 존재의 이유를 스스로 저버렸다(이원보 2005). 한국노총이 노동자들의 목소리를 대변하지 못하는 상황이 점차 명확해지자 1975년부터는 천주교 정의구현전국사제단 주최로 별도의 '근로자의 권익과 민주회복을 위한 기도회'가 열려 "부정부패, 인권유린으로부터 민중보호와 근로자 농민의 단결권 및 쟁의권에 대한 제한 철폐"를 요구했다. 1978년 3월 10일에는 동일방직 노동자들이 회사, 노총, 정부의 노조 파괴 공작에 맞서 텔레비전을 통해 전국 생방송되던 노동절 행사에서 항의 시위를 감행하기도 했다.

1980년대 들어서면서 한국노총이 주관하는 근로자의 날 행사는 점점 쇠퇴해갔다. 한편에서는 5월이면 해외 노동자의 날 투쟁 소식들이

표 4-2 근로자의 날의 변화

시기	내용
1989년 7월 14일	프랑스 혁명 100주년에 20여 개국 노동자 대표가 국제노동자협회 창립 대회를 열고 1886년 5월 1일을 국제적인 노동자의 기념일로 결정
1923년	조선노동연맹회 주도로 노동자의 날 기념행사 준비
1925년	조선노동총동맹이 전국 곳곳에서 투쟁
1929년	원산 총파업 이후 메이데이 기념 투쟁 격화
1946년 5월 1일	60주년 기념식에 20만여 명 참가
1948년	대한독립촉성노동총연맹 주관 아래 진행
1958년	이승만의 지시로 대한노총 결성일인 3월 10일로 노동절 대체
1959년 3월 10일	대한노총 주관 제1회 노동절 기념식 개최
1963년 4월 17일	근로자의 날 제정에 관한 법률에 근거해 '근로자의 날'로 개명
1977년	한국노총은 정부의 '노사화합의 날' 지지 성명 발표
1978년 3월 10일	동일방직 노동자들이 전국 생방송되는 기념식장에서 항의 시위
1979년	한국노총에서도 근로자의 날로 쓰기로 확정
1984년 3월 10일	대학가 '노동절 기념제' 개최
1985년	근로자의 날 기념식하고 별도로 노동자들은 5월 1일 가두시위 전개
1989년	전국회의 주도로 '세계 노동절 100주년 기념 한국노동자대회' 개최
1990년	민정당도 노동절을 5월 1일로 개정하기로 방침 전국노동조합협의회는 5월 1일을 메이데이로 공식 발표
1994년	정부도 노동기념일을 5월 1일로 결정. 이름은 근로자의 날 유지

알려지면서 점차 근로자의 날에 관한 인식에 균열이 생기기 시작했다. 이런 흐름 속에서 1984년 3월 10일 대학가에서는 '노동절 기념제'를 통해 "노동의 민주화"와 "학원의 민주화"와 "사회의 민주화"를 요구하는 선언문이 낭독됐다. 1985년에는 근로자의 날 기념식하고 별도로 해고 노동자들이 성당에서 근로자의 날 기념식과 시위를 진행했고, 5월 1일에는 노동자와 대학생 800여 명이 "노동탄압 중지"와 "광주사태 규탄"을 외치며 세계 노동자의 날 기념식과 가두시위를 펼쳤다. 이날 대회는 1957년 세계 노동자의 날이 근로자의 날로 바뀐 뒤 31년 만에 노동자와

학생들이 스스로 다시 노동자의 날을 되찾았다는 의미를 갖는다.

이런 흐름은 해가 갈수록 더해졌다. 1989년에는 민주 노조의 결집체인 '지역·업종별 노동조합 전국회의'(전국회의) 주도로 '세계 노동절 100주년 기념 한국노동자대회'가 열려, 근로자의 날을 '노동자 불명예의 날'로 규정하고 "노동절은 세계 노동자의 연대와 해방의 날인만큼, 일천만 노동 형제들의 강력한 연대와 전투적 투쟁으로 쟁취해야 할 것"이라고 선언했다(역사학연구소 2004, 161). 이날 모인 전국의 노동자들은 '노동운동 탄압 중지', '노동 악법 철폐', '주 44시간 노동으로 생계비 쟁취' 등을 내걸고 동맹 파업과 거리 시위 등 메이데이 기념 투쟁을 펼쳤으며, 40여개 대학의 학생들도 규탄 대회를 열거나 동맹 휴학에 들어갔다.

한편 같은 해 3월 10일 청계피복과 동아건설 등의 노동자 500여명은 "3월 10일은 지난 48년 설립된 자주적인 전국노동자평의회를 독재 정권이 쇠파이프로 무자비하게 해산시키고 권력과 자본의 시녀인 대한노총을 발족시킨 날"이라고 밝히고, 이 날을 '근로자 치욕의 날'로 규정한 뒤 '임투승리를 위한 결의대회의 날'로 선포했다. 한국노총도 1989년 2월 15~16일 정기 대의원 대회를 열고 노동절을 5월 1일로 바꾸기로 결의하고, 근로자의 날 제정에 관한 법률의 개정에 관련된 청원을 국회에 제출했다. 심지어 민정당조차 "1990년부터 노동절을 5월 1일로 개정하기로 방침을 세웠다"고 발표했다. 같은 시각 정부는 정부대로 모범근로자를 표창하는 등 '근로자의 날' 행사를 개최했다.

5월 1일, 노동자의 날

노동자의 날의 본래 의미가 왜곡되고 이름마저 바뀐 현실에 맞서 노동 단체들은 5월 1일 노동자의 날을 되찾으려는 투쟁을 지속적으로 펼쳤다. 갈등이 계속 이어져 오던 중 1990년 전국노동조합협의회는 3월 10일 근로자의 날을 없애고 5월 1일을 메이데이로 한다고 공식 발표했다. 메이데이 행사를 불법으로 여기던 정부도 1994년 "노동기념일을 5월 1일로 하되, 이름은 노동절이 아니라 근로자의 날로 한다"고 결정했다. 기념일이 3월 10일에서 다시 5월 1일로 옮겨졌지만, 이름은 노동절로 바뀌지 않은 채 근로자의 날 그대로 지금에 이르고 있다.

노동자의 날은 전세계 노동자들이 단결과 투쟁을 다짐하는 날이며, 전체 노동 운동의 요구를 수렴해 정치적 과제로 향하게 조직하는 계기로 활용돼왔다. 시종일관 노동자의 날을 탄압한 국가와 자본의 행동에서 알 수 있듯이 노동자의 날은 그 시작부터 투쟁의 연속이었다. 비록 노동자의 날이 근로자의 날로 대체돼 '근로자의 노고를 위하고 근무의욕을 더욱 높이기 위하여 지정하는 날'이자 '노사화합의 날'로 변질된 역사적 경험을 갖고 있지만, 한국 사회에서 근로자의 날에는 노동자의 날이 다시 살아날 수 있는 가능성이 담겨 있었다. 나아가 노동자의 날을 되찾는 과정은 자주적인 민주 노조 운동의 발전을 확인하는 중요한 계기였다(역사학연구소 2004; 박준성 2009).

해태제과 8시간제 투쟁

1945년 설립한 해태제과는 종업원이 3000여 명에 이르는 한국 최대의 제과 기업이었다. 해태제과 사보에 따르면, 1978년 순매출액은 전년 대비 45퍼센트 증가한 1000억 원을 기록했고, 경상이익은 62.4퍼센트 증가한 40억에 이르렀다(1979년 8월 기준).

노동 조건을 살펴보면 노동 시간은 맞교대로 12시간이었고, 18~19시간에 이르는 휴일 특근이 비일비재했다(1976년 기준). 매일 20~30분 걸리는 청소는 노동 시간으로 계상하지 않았다. 12시간 중 쉬는 시간은 점심시간 1시간에 그쳤다. 임금은 6~7년 근속일 경우 하루 650원에 월 1만 9000원이 기본급이었다. 잔업 수당이나 곱빼기 수당을 합한 총임금은 4만 원 정도였다.

1976년 노동자들은 일요일 근무와 곱빼기 근무 거부 투쟁을 펼쳐 12시간 주야간 맞교대 근무와 근로기준법상의 몇 가지 규정들(생리 휴가, 월차 휴가, 연차 휴가, 휴식 시간)을 확보했다. 그러나 12시간 노동은 많은 직업병을 낳을 정도로 너무 힘들었다. 변비와 신경통이 잦았고, 과자 무게를 측정하는 저울질이나 봉투 붙이는 인두질을 하느라 어깨 이상이 많았으며, 아이스크림부 노동자들은 동상과 여성 냉병을 앓기도 했다. 철야 작업 때문에 생활 리듬은 여지없이 깨졌다. "밥 먹고, 빨래하고, 잠자고, 일하는 시간 외에 아무런 여가 시간을 갖지 못함으로써 보고 듣는 것이 없으니 점점 바보스러워져 회사로부터 더욱 더 괄시당한다"고 노동자들은 호소했다.

18시간 곱빼기 노동 철폐 운동, 휴일 특근 거부 투쟁, 도급제 폐지 투쟁을 펼치던 해태제과 노동자들은 열악한 노동 조건을 견디다 못해 1979년 7월 17일 8시간 노동제 투쟁을 공식으로 시작했다.

"하루 12시간만 일하도록 해주십시오"

먼저 1975년 2월부터 1976년 3월까지는 18시간 곱빼기 노동 철폐 운동과 30분 휴식 시간을 위한 서명 운동이 펼쳐진 시기다. 해태제과 노동자들은 1975년 2월부터 곱빼기 작업을 거부해오다, 200여 명의

서명을 받아 9월 9일 노동청 지방사무소에 18시간 곱빼기 노동과 휴일
근무를 시정해달라는 진정서를 냈다.

1. 하루 12시간만 일하도록 해주십시오. 우리는 매일 12시간 이상씩
일하고 있습니다. 하루 노동시간이 8시간인 것을 알고 있지만, 회사가
일이 바쁘다고 하니 12시간까지는 우리가 참고 일하겠습니다. 그러나
12시간 이상은 너무 힘들어서 할 수가 없습니다. 2. 일주일에 하루씩
만 쉴 수 있도록 해 주십시오. 우리는 일주일에 하루씩 쉴 수 있다는
노동법상의 혜택을 못 받고 일을 하고 있습니다. 너무 힘들고 피곤해
서 몸을 지탱할 수 없이 18시간을 계속 일을 해야 하는 참기 어려운
정신적 · 육체적 고통을 당하고 있습니다. 우리는 회사에 대해 항의한
다는 일이 얼마나 위험하고 어려운 일인 것을 잘 알고 있습니다. 그러
나 이제 참을 수 있는 것도 한도가 있습니다. …… 회사는 이밖에도
휴식시간, 생리휴가, 월차휴가 등등 많은 법규정을 지키지 않고 있습
니다.

이 일을 계기로 1976년 2월 12일 국제자유노련에서는 한국노총에
해태제과 사태의 진상을 규명하라고 요청했다.

해태제과 공장 여공은 주 7일 근무, 1일 12시간 교대, 시간당 약 107원
(22센트)의 임금, 더러는 매일 14시간, 일요일에는 18시간 근무도 한
다. …… 미스 김은 월 4만 원(82달러)을 받고, 일주는 저녁 8시부터
아침 8시까지 작업하며, 연간 15일 쉰다. …… 노동법은 휴지나 마찬
가지다. 2시간의 초과를 포함하여 10시간의 작업을 한다.

폭압적일 정도의 노동 조건에 분노한 서정남을 중심으로 하는 400여 명의 노동자들은 1976년 2월 8일 12시간 노동, 곱빼기 작업 거부, 일요일 작업 중단을 요구하며 휴일 특근 거부 투쟁을 시작했다. 그러자 노동조합은 2월 17일 대의원 대회를 열어 첫째 주와 셋째 주 일요일은 쉬기로 결의했다. 영등포 도시산업선교회에서도 2월 27일 곱빼기 노동 철폐 투쟁을 지원하기로 하면서 3월에는 회사를 상대로 임금 30퍼센트 인상, 매주 주휴제 실시, 연월차 휴가와 생리 휴가 실시, 매 4시간마다 30분 휴식 등의 합의를 이끌어냈다.

얼마 뒤 회사는 캔디부의 서정남을 3월 24일자로 해고하고 휴일 특근을 다시 강요했다. 그러나 해태제과 노동자들은 복직 투쟁과 휴일 특근 거부 투쟁을 계속 이어가 연월차 생리 휴가와 휴식 시간을 지켜냈으며, 서정남은 다시 일할 수 있게 됐다.

1979년 들어 몇몇 대의원과 산업선교회 회원을 중심으로 8시간제 실시와 도급제 철폐에 관한 요구가 나오다가, 3월 노사 간담회에서 도급제 철폐 문제가 제기됐다. 회사는 7월 1일까지 기다려보자며 도급제 논의를 유야무야하려 했다. 그러나 7월이 돼도 회사가 아무 조치를 취하지 않자 7월 4일 비스켓부 포장반 A조의 노동자 200여 명은 치열한 경쟁을 조장하는 도급제 철폐를 다시 촉구하며 도급제 폐지 투쟁을 시작했다. 회사는 비수기철인 만큼 도급제는 연장하되 7월 한 달 동안 주간 2교대(8시간 근무)로 하자는 노동자들의 제안을 받아들였다. 그러나 회사는 겨우 이틀 만에 8시간 근무제를 한다던 약속을 깨고 판매 촉진 활동을 이유로 다시 12시간 노동을 강요했다.

그러자 4월부터 투쟁을 준비한 노동자 100여 명은 7월 17일 제헌절 산업선교회관에 모여 8시간 노동제 투쟁을 시작하기로 결의했다.

비스킷부에서 시작된 '8시간 노동 후 퇴근 운동'은 회사의 탄압을 이겨 내고 8월 들어 캔디부와 캬라멜부로 확대됐다. 1979년 8월 3일 오후에 는 산업선교회의 도움을 받아 24명의 이름으로 노동청장에 보내는 탄원 서도 작성했다.

우리 회사는 주야 2교대로 나뉘어 12시간씩 노동하고 있습니다(저녁 7시 30분 출근 아침 7시 30분 퇴근, 아침 7시 30분 출근 저녁 7시 30분 퇴근). …… 8시간 노동으로 살 수 없다면 임금을 인상하는 방향 으로 조정되어야지 노동시간을 연장해서 잔업을 하지 않고는 살 수 없도록 하는 것은 우리 근로자들뿐만 아니라 국가 전체에도 불행한 일이 아니겠습니까?

해태제과 생산부장 진중배는 "여러분들이 원하는 8시간 노동제를 시켜주겠다. 그러나 지금 당장은 안 되고 언젠가 불황을 넘기고 실시하 자"거나 "처자식을 먹여 살려야 하지 않겠냐!", "너무 이르다. …… 간식 이나 통근 버스 등의 문제를 요구하자!"며 회유했다. 캔디부 B조 노동자 들이 8시간 노동을 끝내고 퇴근할 때 회사는 과장, 계장, 주임, 반장, 남자 기사들을 총동원해 "12시간 안 할 거면 사표 내라!"며 협박하며 노동자들을 가로막았다. 그날 오후에도 20여 명의 남자 기사들이 대의 원 이숙자를 감금하고 협박을 계속했다.

회사의 무자비한 폭력은 더해졌다. 1979년 8월 4일 새벽, 비스킷부 A조 야간 퇴근조 현장에 나타난 남자 기사들은 "8시간만 일하고 나가는 년들 모가지를 비틀겠다"며 욕설을 퍼붓고 폭력을 행사했으며, 이숙자 를 협박해 출근하는 비스킷부 B조 노동자들에게 회유 발언을 하게 했다.

협박과 폭행이 이어졌지만, 8시간 노동 운동은 계속됐다. 8월 7일에는 껌부에서도 8시간 노동제 투쟁에 참여했다. 참여 인원은 점점 늘어나 600~700여 명에 이르렀다. 이렇게 8시간 노동 운동이 계속되자 다음 달 회사는 안양 공장의 남자 기사들 150여 명을 동원해 20여 대의 냉장고로 출입문을 막고 8시간 노동을 마치고 퇴근하려는 껌부 노동자들에게 강제 노동을 강요했다. 껌부 밖으로는 수송 트럭, 자가용, 철조망으로 벽을 쌓아 빠져나가지 못하게 감금했다.

이런 상황에서 김경수 지부장이 18년 동안 독단으로 운영하던 노동조합은 8월 10일 갑자기 임시 대의원 대회를 소집해 "노동조합이 유일한 교섭 단체이며, 사내 질서와 사회 여론을 문란하게 하는 일체의 행동을 하지 않으며, 노조 밖에서 행하는 일체의 사항을 인정하지 않고, 8시간 근로에 따른 생활급 보진책을 노동조합에 위임하고 이를 노사가 협의하는 데 최대한 협조한다"고 결의하고, 52명의 대의원 중 8시간제를 주장하는 5명(김순례, 김용희, 윤명옥, 이복례, 이숙자)을 협박해 제명했다. 갖은 회유에 시달리던 대의원 이숙자는 3일 만에 사표를 냈고, 폭행을 당해 실신한 김순례는 10일이나 입원하고 중환자실에 실려 가기도 했다.

8월부터 9월 중순까지 연일 폭력과 회유에 시달린 끝에 15명 정도만 남은 상황에서도 노동자들은 8시간 노동 운동을 계속 이어갔다. 8월 한 달 동안 진정서와 호소문을 정부, 언론, 국회의원, 여성 단체, 교계, 교육계 등 각계에 배포했다. 남자 기사들과 회사 간부 등 폭행자 명단을 공개해 고소하고, 8월 24일에는 사장 신정차를 근로기준법 위반으로 검찰에 고발했다. 그러던 중 1979년 8월 16일에는 대통령의 특별 명령으로 구성된 '산업체에 대한 외부세력 침투실태 특별조사반'이 8시간 운동에 참여한 노동자들을 조사하기도 했다.

한편 8월 11일 YH 사건이 일어난 다음 날 영등포 산업선교회는 '해태제과 근로기준법을 지켜라'라는 구호를 내걸고 8시간 노동제를 지지하는 기도회를 열었다. 이어 한국교회사회선교협의회는 8월 26일 연합 기도회를 통해 8시간제 즉각 실시를 촉구했고, 8월 31일에는 해태제과 사태에 관한 성명서를 발표해 불매 운동을 벌이겠다고 했으며, 9월 7일에는 기독교회관에서 '해태제과노동자폭력사태대책협의회'를 구성하고 해태상품불매운동본부를 설치해 불매 유인물을 배포하는 등 8시간 노동제 실시를 촉구했다.

8시간 노동 운동이 계속 이어지자 결국 전국화학노조 정동호 위원장, 정길태 사무국장과 농심, 대일유업, 동양제과, 롯데제과, 삼립식품, 삼양식품, 크라운제과, 한국콘티넨탈식품 등 9개 업체 대표가 모여 연내에 12시간 노동 문제를 시정해 8시간 노동제를 실시한다는 데 합의했다 《동아일보》 1979년 9월 12일).

노동자들이 투쟁을 계속하는 상황 속에서 YH 사건으로 반유신 투쟁이 격화되고 상품 불매 운동에다 중앙 노사 합의마저 성사되자, 해태제과 신정차 대표는 9월 25일 회사의 자체 결정이라는 점을 내세우기 위해 공장 새마을 분임 발표 대회 결과 생산성 향상과 인력 절감 등 경영 합리화를 전제로 "임금을 현 수준으로 유지하면서 내년 3월부터 8시간 노동제를 실시한다"고 발표했다《한국일보》 1979년 10월 4일).

이 소식을 들은 노동자들은 10월 10일 공개 청원서를 통해 8시간 노동 운동을 계속하기로 결의했다. 또한 8시간 노동 운동에 참여한 이유로 강제 사표와 대리 사표를 낸 이희덕, 김순례, 나미숙, 박영미, 김양순, 모춘자, 어영숙, 박막내 등 9명의 복직 투쟁을 시작했다.

1980년 3월 2일

결국 1980년 3월 2일부터 8시간 노동이 시작됐다. 노동 시간은 4시간 단축되고 임금은 10퍼센트 인상됐다. 이전의 8시간 기본급에 견주면 60퍼센트 정도 오른 셈이었다.

그 뒤 해태제과 여성 노동자들의 8시간 노동 운동은 식품 업계 전체로 확대됐다. 1980년 5월 1일부터 롯데, 크라운, 서울식품 등 11개 식품 회사 노동자 전부가 12시간 맞교대에서 8시간 3교대로 전환하고 총임금은 그대로 유지하는 성과를 일궈냈다.

3년여에 걸친 해태제과 노동자들의 노동 시간 단축 투쟁은 노동자들의 단결력과 끈질긴 투쟁의 중요성을 일깨웠고, 임금 인상과 노조 활동을 보장받는 데 매몰돼 있던 노동 운동에 새로운 과제를 던졌다. 또한 회사와 어용 노조가 휘두르는 무자비한 폭력에 저항해 노동자 스스로 벌인 조직적인 '비조직적 저항'의 대표 사례이기도 하다.

켈로그의 6시간제

켈로그의 6시간제 실험은 일과 여가, 노동work과 비노동nonwork에 관한 지난날의 인식을 보여주는 매우 귀중한 사례다. 여기서는 벤저민 클라인 허니컷Benjamin Kline Hunnicutt의 《8시간 VS 6시간》(2011)에 기초해 6시간제를 둘러싸고 일과 여가에 관한 경영계와 노동계의 목소리들이 어떻게 투쟁했는지를 비교해보자. 켈로그의 6시간제는 과로 사회에 사는 우리가 무엇을 잃어버리고 있는지, 과로 사회를 넘어서려면 무엇을 해야 하는지를 잘 보여주고 있다.

대공황 초입인 1931년 4월 1일, W. K. 켈로그는 6시간 4교대제를 실시했다. 노동 시간이 줄어들면 노동자는 일터를 벗어난 곳에서 누리는 행복한 여가의 즐거움을 알게 돼 더 협조적으로 바뀌고, 회사는 결근율, 이직율, 사고율이 줄어 '더 안정적인 노동력 기반'을 갖추는데다 장기적으로는 더 높은 업무 성과를 내 이윤도 확대할 수 있다고 봤다.

나아가 켈로그는 6시간 4교대제로 실업을 해소하려 했다. 일종의 일자리 나누기_{job sharing} 방식이었다. 대공황 동안 6시간제는 노동자들의 강력한 지지를 받으며 기대대로 굴러갔다. 노동자들이 노동 시간을 단축해 일자리를 나누려 한 이유를 보면, 가족과 친구들이 해고당하는 게 싫었고 자신도 일자리를 잃을지도 모른다는 두려움을 갖고 있었다. 다른 사람을 돕기 위해 기꺼이 자신의 일을 줄이려는 연대 의식이 깔려 있었다. '함께 일하고 함께 살자_{work together, live together}'는 식이었다.

그러나 1937년 켈로그가 경영 일선에서 물러나면서 6시간제는 흔들리기 시작했다. 더 중요한 전환점은 1934년에 시작된 뉴딜이었다. 프랭클린 D. 루즈벨트 대통령은 경기를 진작하고 일자리를 창출한다는 명분 아래 뉴딜 정책을 실시했는데, 그 뒤 일자리가 모든 정치인들의 시금석이 되면서 노동 시간 단축의 본래 목적은 소리 없이 폐기됐다. 2차 대전 초반에는 전시 조치의 하나로 노동 시간을 늘리게 한 대통령령(1943년 2월 28일)에 따라 8시간 3교대제를 실시하기도 했다.

경영진은 전후 6시간제로 돌아가겠다고 약속했지만, 약속이 지켜지지 않으면서 6시간제는 점점 고립됐다. 경영진은 노동 시간이 계속 줄면 노동의 위상이 떨어진다고 여겼다. 여기에 실직과 임금 감소의 위기를 느낀 남성 노동자들도 8시간제를 이상화하는 데 한몫했다. 그 뒤 6시간제는 1985년 2월 8일을 기점으로 역사 속으로 사라졌다.

6시간제는 계집애들이나 하는 일

6시간제는 여자들의 문제로 규정됐다. 남성 노동자들은 경영진과 연합해 '젊은이나 여자 같은 것들'이 "뭘 잘 모르면서" 6시간제를 주장한다고 치부했다. "멍청하지 않아요? 더 일하면 당연히 돈을 더 많이 번다고요"라고 조소했다.

회사는 여성, 장애인, 병자, 노인을 6시간제 부서의 '가벼운 일'에 배치하기 시작했다. 6시간 근무자들은 나이가 들었거나, 아프고 약하거나, 농사를 지어야 하거나, 부업이 있거나, 학교에 다니는 탓에 짧은 "6시간제로 일해야 한다"는 식으로 이야기됐다.

마찬가지로 일하지 않는 시간에 하는 여가 활동도 여성적인 것으로 치부됐다. 일의 중요성에 견줘 교회 일, 정원 가꾸기, 새 관찰 등은 어리석은 것으로 치부됐다. "6시간제로 남녀 모두 불륜을 더 많이 저지르게 됐죠!"라는 이야기까지 나왔다. 여가란 쓰잘머리 없는 것이었고, 조그만 소득이라도 올릴 수 있다면 여가는 포기하는 게 당연시됐다. 8시간제를 지지하던 남성 노동자들은 여가를 어리석고, 낭비적이고, 시시하고, 아무 소용이 없는 것으로 규정했다. 자유 시간은 "해야 할 중요한 일"이 없는 오후에 영화나 보면서 시간을 낭비하고 빌붙어 지내는 할 일 없는 사람들이나 갖는 것이라고 반복했다. 여가는 "중요한"과 "유용한"의 반대말이 됐다.

8시간제 부서는 "남성 부서"로 등치됐다. 8시간제는 정상 규범으로 자리했다. 정상 규범에서 벗어난 일탈자들은 "계집애들", "게으르고 제멋대로인 사람들", "이상한 사람들", "토끼들"이라는 딱지가 붙었다. 상징을 통해 자기 집단을 지배 집단의 자리에 올려놓고 타자를 배제하는 유효한 전략이었다.

둘째, 1950년대에는 '풀타임' 노동이 중요해지면서 '오로지 임금'이라는 전략을 내세워 남성 노동자들과 경영진의 연합이 더욱 강화됐다. 노조는 더 높은 임금과 '손에 잡히는' 부가 급여를 얻어내느라 바빴다. 노조는 더 높은 임금을 받는 것만이 유일한 번영의 길이라는 견해에 동의했다. "더 많은 돈"이라는 "숫자는 거짓말을 하지 않는다"는 노조 간부의 말은 그때의 정서를 반영한다. 8시간제 노동자들은 일자리를 나누려 하기보다는 더 많은 임금을 향해 달렸다. 풀타임을 지키고 허용할 수 있는 최대한의 초과 근무를 얻어내는 쪽으로 기울었다(Hunnicutt 2013, 148).

한편 시간 외 근무는 임금 사안의 일부가 됐다. 시간 외 근무는 노동자들에게 곧 더 많은 돈을 버는 방법이 됐다. "더 오래 일하고 더 많이 벌어라!"[5] 경영진에게 시간 외 근무는 추가 고용을 피하고 유연성을 높이는 효과적인 방법이었다. 회사는 사람을 더 고용하느니 시간 외 수당을 더 지급하는 쪽을 선호했다.

나아가 회사는 경쟁력을 제고하는 방편으로 임금 총액을 줄이려 했다.[6] 6시간제는 노동자를 추가로 고용해야 하기 때문에 효율적이지 않았다. 인력 감축론이 고개를 들기 시작했다. "부가 급여는 스멀스멀 스며들어 회사에 놀랄 정도로 비용을 증가시키는 요소가 됐죠. 부가 급여가 계속 확장되면 '임금 대장에 한 사람을 추가하는 비용'과 같은 말이 생길 정도였다. 의료보험, 생명보험, 실업보험, 작업복, 식품 보조, 비누, 사원 신용대출, 이런 것들이 모두 개인당 고정비용이 되는 거죠. 그러니까 회사로서는 노동자 수를 계속 줄이고 싶었고 그러다 보니 6시간제는 폐지 쪽으로 눈을 돌리게 됐죠."[7]

W. K. 켈로그는 '더 많은 기계', '더 짧은 노동', '확장된 임금'을

진보로 여겼지만, 뒤를 이은 경영진과 장기근속 노동자들은 '더 많은 기계', '더 적은 노동자로 표현되는 효율성의 증가', '더 많은 임금'을 진보로 여기게 됐다.

셋째, 8시간제 노동자들은 도덕과 일을 결부시키는 언어를 사용했다. 그 어느 때보다 일을 도덕적으로 우선시했고 풀타임을 파트타임보다 우월한 것으로 표현했다. 풀타임 노동을 '정당한 하루치 급여에 맞는 정당한 하루치 노동'으로 등치시켰다. 파트타임은 풀타임으로 일하지 않는 남성에게 변명거리를 주는 수사적 장치에 지나지 않았다. 풀타임은 '과학적' 경영으로 여겨지기도 했다.

경영진은 일 중심의 도덕 언어를 정교화하고 널리 퍼뜨렸다. "열심히 일하는 것"을 가치의 기준으로 삼으면서, "직업/일"을 다른 모든 것에 면죄부를 주는 도덕적 만능 언어로 격상시켰다. 8시간제 노동자가 "난 일해야 돼"라거나 "이게 내 일이야"라고 말하면 공동체와 가족에서 부여하는 책임을 저버려도 괜찮은 것으로 여겨졌다.

일 자체를 목적으로 여기는 논의들이 대거 동원됐다. "일은 더 많은 만족과 충족을 준다", "사람은 돈을 벌기 위해 일을 하는 것이 아니라 무언가를 성취하기 위해 일을 한다", "일은 불안한 마음에 만족을 준다"고 하면서 18시간이나 20시간 일하는 것을 영웅시하기도 했다.

넷째, 한편으로 풀타임 직업은 '필요'라는 수사로 강조되기 시작했다. 1940년대 "자유의 수사"와 대조적으로 1950년 이후 대부분의 남성 노동자들은 어쩔 수 없이 풀타임으로 일해야 한다거나 6시간 근무로는 "생활비를 감당할 여력"이 안 된다고 강변했다. 필요의 언어를 바탕으로 풀타임은 강력한 도덕의 언어가 됐다. 8시간제로 회귀해야 하는 이유로 가장 흔하게 등장하는 것이 '불가피성'이었다.

'풀타임' 불가피론이 대두되면서 '비현실적'이고 '어리석고' 단지 '여자들이나 멍청이들'에게나 해당한다며 여가를 낮게 평가하는 화법이 굳어졌다. 6시간제는 '말도 안 되는' '허황한 공상'으로 재단됐다.

다섯째, 사람들은 '추가적인 두 시간'이 수반하는 문제들에 적절히 대응하지 못했다. 어떤 사람은 노동자들이 '풀타임'으로 돌아간 게 활동 없는 공허한 여가 탓이라고 지적한다. 많은 노동자들은 새로운 여가가 무엇을 의미하는지 확실한 태도를 취하지 못했다. 새로운 여가 시간을 혼자서 헤쳐가야 했다. 추가된 두 시간은 즐거웠지만 동시에 막막했다. 문화 활동이나 지역 활동처럼 귀찮고 성가신 일보다는 텔레비전 시청, 쇼핑, 놀이공원처럼 큰 수고를 들일 필요가 없는 오락이 자유 시간의 자리를 차지했다. 한때 '프롤레타리아의 밤'이었으며 문화를 말하고 쓰고 만들고 행하는 시간이던 여가는 상업화된 오락으로 채워졌다.

일터 외부에서 주어진 추가 두 시간은 새로운 불안과 두려움을 수반했다. 특히 남성 노동자들이 불안해했다. 지위, 정체성, 사회관계의 문제는 훨씬 더 혼란스러웠다. "사람들은 뭘 해야 할지 모른다고요." 남성들은 일터에서 누리는 지위나 정체성을 더욱 편안히 여겼다. "나는 일해야 돼"라는 말은 도덕적 언명 이상의 것이었다. 명백한 해답은 "풀타임"으로 하는 일이었다. 여기에 6시간제는 "생활 수준을 저하시킬 것"이라는 위기 담론이 한몫했다.

6시간제가 후퇴한 또 다른 요인으로는 태프트-하틀리 법 같은 반노동법, 대중문화의 확산, 노동계의 우파적 선회 등이 꼽힌다(Roediger and Foner 1989). 근본적인 변화가 하나 더 더해졌는데, 노조가 루스벨트의 일자리 창출 정책으로 선회한 일이다(Edsforth 2000). 1950년대를 지나면서 노동계는 정부의 일자리 창출 정책을 지지하는 방향으로 선회했다.

'일자리'는 도그마가 돼 정치적 스펙트럼 전체에 퍼졌고, 그러는 동안 '노동 시간 단축'을 외치는 목소리는 힘을 잃었다. 허니컷은 루스벨트가 일자리 창출 프로젝트를 일자리 나누기의 대안으로 제시한 것이 20세기의 중요한 정치적 분기점이었다고 지적한다(Hunnicutt 2013, 109).

점차 사람들은 6시간제에 따른 '추가적인 두 시간'을 "도가 지나친 자유", "거대한 공허", "게으른 손"으로 여기게 됐다. 지나친 여가로 목적의식 없고 멍청해진 사람들이 늘어나 혼란과 절망을 가져올 것이라고 걱정하기 시작했다.

우리는 일 돼지가 아니다

여러 공격을 받았지만 노동자들은 55년 동안이나 6시간제를 지켜냈다. 6시간제를 지지한 노동자들의 지배적인 화법은 "자유의 언어"로 요약된다. 노동자들은 여가를 직장 일과 집안일에서 모두 "벗어난" 시간으로 묘사했다.

여기서 말하는 자유는 '무언가에서 벗어날 자유freedom from'로 정의된다. 노동자들은 자연권, 인권, 행복 추구, 평등 같은 해방의 수사를 활용했다. "모든 사람은 날마다 자신의 마음과 자아의 향상을 위해 충분한 시간을 써야 할 정당한 권리를 갖는다." "장시간 일하는 것은 신에 대한 공격이며 자연권에 대한 침해다." 이렇게 한 세기 동안 벌어진 노동 시간 단축 운동은 노동에서 벗어난 해방이라는 전망으로 압축된다. 자유 시간은 노동 규율에서 벗어난 자유를 의미하는 동시에 일터 외부에서 누릴 무언가를 향한 자유를 의미했다.

6시간제 지지자들이 보기에 "죽을 때까지 개처럼 일할 자유"란 불합리하기 짝이 없었다. 산업의 "진보"가 "더 많은 일"만을 의미한다면 그것은 진보가 아니었다. 6시간제 지지자들은 경영진이 운운하는 "일의 내재적 가치"도 인정하지 않았다. 공장 일은 기본적으로 허드렛일이며 그것 자체로는 가치가 거의 없다고 비판하면서, 자유로운 활동과 교제를 일터 외부에서 추구했다. "내 삶이 시계와 함께 째깍째깍 지나가는 것을 보면"서 "발이 아프도록 서서 8시간 일하는 것을 참을 수 없어요." 6시간제 지지자들은 풀타임으로 일하는 남성들은 일이 끝나면 텔레비전을 보거나 뒹구는 것 말고는 아무것도 안 한다고 비난했다. 일을 마치고 나면 "다른 것을 할 에너지가 거의 남지 않아서" 어쩔 수 없이 수동적이고 고립되고 무의미하고 김빠진 여가를 보낸다고 주장했다.

둘째, 6시간제 지지자들은 일이 삶의 중심이 돼야 한다는 주장을 거부하면서, 일 이외의 영역에서 누릴 수 있는 자유의 확장과 통제력의 증가에 관한 전망을 제시했다. 자유 시간의 증가는 삶에 관한 통제력의 증가를 의미했다. '~할 자유 시간' 덕분에 '자신을 위한 시간'을 갖게 됐다는 것이다. 여가는 내재적인 보람이 덜한 노동의 보상을 받기 위해 꼭 필요한 합리적인 자유였다.

6시간제를 지지하는 사람들은 추가적인 두 시간을 "창조적인 활동을 위한 독립된 영역"으로 여겼다.[8] 또한 추가 시간을 새로운 사회관계를 가능하게 하고 문화를 지키는 데 필요한 자유 시간으로 봤다. 여기서 말하는 자유는 '무언가를 할 자유freedom to'로 정의된다.[9]

산책하고 책을 읽고 텃밭을 가꾸고 무언가를 배우고 아이들을 돌보고 가르치고 글을 쓰고 감상하고 사랑하고 생각하고 즐기고 좋은 이웃이 되고 이야기하고 새를 관찰하는 일들을 그 활동 자체를 위해 할 수 있었다.

이 문제와 관련해 여가에 관한 터너(Turner 1992)의 논의는 눈여겨볼 만하다. 터너는 "여가란 상징의 세계에 들어가게 해 주고, 어떤 경우에는 그런 상징의 세계를 만들어내기도 하는 자유"라며, "그것은 사회구조적인 규범의 한계를 넘어서는 자유"이자 "상상력, 아이디어, 환상, 그림, 사랑 등이 있는 놀이의 자유"라고 설명한다.

셋째, 6시간제 지지자들은 '필요'를 이야기하는 남성 노동자들에게 "가난하고 욕심 많은 사람들만이" 8시간제에 표를 던진다며 비판하고 나아가 '영웅적인 일꾼 놀이'라며 조롱했다. 지지자들은 공정한 시간 분배를 계속 요구했다.

6시간제 지지자들은 '필요'를 말하는 사람은 삶을 저당 잡히고 자기 자신을 속박에 팔아버린 사람들이며, 자신의 삶에서 시간을 더는 통제하지 못해서 무언가 외부적인 불가피성이 있는 척한다고 힐난했다.

1960년대 이후 6시간제 지지자들은 '일 중심적인 도덕 언어'에도 대항했다. '풀타임의 필요'라는 논리가 만능 언어로 쓰이는 상황을 거부했다. "열심히 일하는 것"을 기준으로 도덕성을 시험하는 것은 공정하지 않다고 비판했다. 풀타임 노동에 관해 6시간제 지지자들은 "일 돼지", "야근 돼지", "욕심", "전지전능한 불가피성" 등으로 비판하고, "공정한", "나누기" 등의 언어를 활용해 6시간제를 지지하며 "시간을 나누어 가족 책임을 다해야"한다고 주장했다.

2. 과로 사회를 넘어서

어디로? — 국민병을 치유하고 자유의 세계로

우리가 가야 할 길은 분명하다. 그 길은 자유 시간이 풍부한 사회다. 자유 시간이 양적으로 풍부할 뿐 아니라 자유 시간의 가치와 권리가 온전히 발휘되는 사회다. 자유 시간의 가치가 권리의 기반 위에 서고, 좀더 실질적인 민주화를 특징으로 하는 사회다.

우리는 모두 자유 시간의 가치를 잘 알고 있다. 자유 시간의 가치를 몰라 매일 야근에 시달리고 있는 게 아니다. 자의든 타의든 일상적인 야근이 조직을 향한 충성도와 개인의 능력을 평가하는 잣대로 여겨지는 현실 탓이다. 이런 현실은 자유 시간에 관한 권리를 가차 없이 무너뜨린다. 자유 시간의 가치를 향유할 수 있게 보장하는 더 강력한 제도적 장치가 마련돼야 하는 이유가 여기에 있다.

미디어에서는 성공한 최고 경영자를 미화할 때마다 "나는 월화수목금금금 일을 했다"는 이야기를 강조한다. 월화수목금금금 일한 끝에 세계적인 성공을 거둔 신화는 미디어를 타고 반복 재생산된다. 어떤 경우 장시간 노동은 능력, 지위, 자긍심, 우월감, 유능함, 안정감, 아버지다움, 남편다움의 상징으로 연결되기도 한다. 이런 현실은 '성공 신화 success myth'와 장시간 노동으로 대표되는 '남성주의적 노동 규범masculine norms'이 매우 강력하게 결합돼 있다는 사실을 반증한다.

그러나 '국민성national character'으로 여겨지는 장시간 노동은 분명 일종의 '국민병national disease'이라 해도 지나치지 않다. 우리는 장시간 노동을 질병으로 인식해야 한다. 병에 관한 냉철한 인식이 과로 사회를 해체하는 첫걸음이다. 그래야 양방이든 한방이든 치료를 시작할 수 있 기 때문이다. 또한 장시간 노동은 우리를 모두 피해자로 만드는 고질병 이다. 개인 시간, 가족 시간, 지역 활동, 육아 참여, 사랑할 시간, 연대할 시간, 상상할 시간의 희생을 수반하기 때문이다. 장시간 노동은 우리를 모두 만성 피로와 질병에 시달리게 하고, 결국 삶의 질을 총체적으로 하향화한다(강수돌 2007, 173).

보통 "사고의 위험은 노동 시간 9시간부터 기하급수적으로 증가" 한다고 한다. 노동 시간이 교통사고에 미치는 영향에 관한 연구를 보면, 6시간부터 사고율이 서서히 증가하다 10시간에는 사고율이 최고조에 이른다. 1주에 60시간 이상 일하는 경우 산재 발생률이 23퍼센트 증가 한다는 연구 결과도 이런 주장을 뒷받침한다. 장시간 노동의 위험성을 직감할 수 있는 대목이다. OECD 국가 중 산업 재해율이 최고인 이유는 분명 장시간 노동에 있다(김현주 2012; 이정일 2010, 236~237; 임삼진 2010, 588).

사실 과로사로 대표되는 업무상 질병을 가져오는 제1의 유발 요인 도 장시간 노동이라고 한다. 2008년에 나온 〈2007년 산업재해 현황〉이 라는 노동부 자료에 따르면, 심혈관 질환 발병자의 85.6퍼센트가 발병 당일 8시간 넘게 일했고, 발병 전 3일간 24시간 이상 일한 경우가 86.5퍼 센트에 이르렀다. 또한 업무상 뇌혈관 질환 발병 요인의 46.9퍼센트,

심장 질환 발병 요인의 63.1퍼센트도 장시간 노동이다.

과로 사회에 사는 우리에게 긴 휴가나 정시 퇴근은 어색한 일이다. 쉬는 것은 뭔가 허전하고 불안하게만 여겨진다. 그래서 노동 시간을 단축하거나 긴 휴가를 요구하는 일은 상당한 두려움을 불러일으킨다. 장시간 노동을 당연시하는 환경에 익숙해져서 장시간 노동을 넘어선 곳을 지향하고 그런 목표를 향한 실천을 펼치기가 쉽지 않다.

그러나 장시간 노동 관행을 당연한 것으로 여기는 국민병을 "어쩔 수 없지"라고 내버려둔다면 우리는 아주 부드럽게 돌아가는 과로사(社)의 톱니바퀴 리듬 속에서 피곤에 찌들어 충혈된 눈으로 과로사(死)의 순번만 기다리며 혹사당하는 실험용 쥐로 전락할 것이다. 오랜 과정을 거쳐 규율화된 장시간 노동이라는 퇴행적 질서를 분쇄하려면 장시간 노동 체제에 관한 역사적이고 구조적인 비판이 필요하다(Krisis 2007, 301).

그렇지 않다면 우리의 삶과 건강은 여지없이 황폐해질 게 너무나 자명하다. 이런 이유 때문에 노동자의 건강과 안전을 보장하라는 요구 에서 출발해 노동 시간을 단축하자는 논의가 등장하고, 세계 각국의 노동 시간 관련 법이 제정된 것이다. 마찬가지로 자유로운 세계를 향한 변화를 이끌어내기 위한 구체적 실천으로 가장 우선돼야 하는 게 '노동 시간 단축'이었다. 자유로운 사회를 구축하기 위해 필요한 해방(무언가 에서 벗어날 자유와 무언가를 할 자유)은 장시간 노동과 단절한 사회를 전제로 한다. 자유의 세계는 장시간 노동이 멈출 때 비로소 시작된다.

장시간 노동과 단절하는 일은 우리의 삶 속에서 여유와 창조성을 보편화하기 위한 근본 조건이다. 장시간 노동을 거부하는 것은 '노동의 권리'를 위한 요구이자 '삶의 권리'를 위한 투쟁이다. 장시간 노동에 예속된 삶을 해체하는 것은 자유 시간을 확보하기 위한 권리 투쟁일

뿐 아니라 장시간 노동이라는 억압에서 해방되려는 실존 투쟁이며, 나아가 삶의 활동성을 회복하는 혁명이기도 하다. 두려움을 떨쳐내고 장시간 노동이라는 울타리 너머로 나아가는 모험이 필요하다. "어쩔 수 없지"라는 푸념과 불안은 장시간 노동을 영속하게 할 뿐이다. 여기에 삶의 여유와 상상력은 자리할 수 없다.

우리는 노동시간을 줄여나가는 투쟁이 노동자 삶의 향상과 해방을 위한 다른 모든 노력들을 성공적으로 이끌 전제조건임을 공표한다. 노동시간 제한은 노동계급, 말하자면 모든 국가의 민중의 건강과 육체적 에네르기를 다시 생성하기 위하여 그리고 노동계급에게 정신적 발전, 사회적 교통 그리고 사회 정치적 활동을 확실하게 하기 위하여 필요하다.[10]

어떻게? ─ 시간의 민주화를 향해

이제 우리에게 남은 문제는 자유의 세계로 가는 방법을 찾는 것이다. 그런 변화는 분명 시간을 민주화하는 방식을 통해 가능하다. 시간의 민주화는 우리를 시간의 주인으로 바로 세울 수 있다.

ILO가 1990년대 후반 제시한 '질 좋은decent' 일자리 개념은 시간을 민주화하는 단초가 될 것이다.[11] '질 좋은' 일자리 개념은 모든 노동자에게 자유, 평등, 안전, 인권이라는 보편적 조건 아래에서 삶의 질을 향상하는 방향으로 좀더 건강한 일자리를 보장하는 것을 목표로 한다.

'질 좋은' 일자리에는 신자유주의 세계화의 맥락에서 양적인 차원의 일자리 정책만으로는 삶의 질을 제고하는 데 도움이 되지 못한다는 문제의식이 담겨 있다. 노동 시장이 불안정해지면서 새로 생겨난 일자리가 질 나쁜 노동 조건을 수반하는 경우가 많아졌기 때문이다. '질 좋은' 일자리 개념은 단순히 고용 여부나 일자리 개수가 아니라 노동의 질에도 관심을 기울여야 한다는 의미를 담고 있다.

'질 좋은' 일자리를 위해 ILO가 제시한 대안은 고용 기회의 확대, 저임금 비율 감소와 실질적인 최저 임금 보장, 장시간 노동 비율의 감소와 연간 노동 시간 축소, 고용 안정성 보장, 일과 가정의 양립 추구, 고용 평등 보장, 안전한 작업 환경 구축, 사회보장 확대, 단체 협약 적용률 확대 등을 포함하고 있다(ILO 2006). 그동안 노동의 질을 여러 관점에서 파악하려는 몇몇 시도가 있었지만, ILO의 지표는 다면적이고 현실적이라는 점에서 의미가 있다. 물론 신자유주의 세계화의 맥락 속에서 그런 대안의 실현 가능성에 관한 문제 제기가 있기는 하지만, '질 좋은' 일자리는 전체적인 차원에서 적극적인 참여를 통해 달성해야 할 필요가 있다는 점을 제기하고 있다.

잘 알려져 있듯이 1990년대 중반 이후 한국의 고용 안정성, 노동 조건, 고용 평등, 사회보장, 노동 기본권 등 여러 지표에 이미 빨간불이 켜진 상태다. 임시직 비율이 최고치를 기록하고 있어 고용이 매우 불안정하고 질 좋은 일자리를 찾기가 어렵다. 연평균 노동 시간은 가장 길고 저임금 노동자 비율과 산재 사망자 수 또한 가장 높다.

긴 노동 시간에 허덕이면서도 정당한 노동의 대가를 받지 못하는 상황에서 노동자의 건강권은 심각히 침해되고 있다. 40퍼센트에 육박하는 성별 임금 격차gender wage gap는 OECD 국가 중 가장 커 여성은 노동 시장에서 주변화되고 있다. 게다가 여성의 임시직과 일용직 비중이 상당히 높아 노동 시장의 성별 분리를 고착시키고 있다.

상대적 빈곤율[12]도 심각해 경제 위기 이전 수준으로 돌아가지 못하고 있다. 소득이 얼마나 균등하게 분배되는지 보여주는 지니계수도 높아져 소득 불평등이 악화하고 있는 상황이다. 사회보장비 역시 OECD 국가 중 최하위권에 머물고 있어 사회 안전망 확충이 시급하다. 비정규직 비율은 전체 노동자의 과반을 이미 넘어섰지만, 비정규 노동자들은 노동 기본권조차 보장받지 못한 채 노동 인권의 사각지대에 놓여 있다. 단체협약 적용률은 최하위로 노동 시장의 형평성을 실현하기 어려운 수준이다(민주노총 2008). 이렇게 우리의 노동 세계는 '질 좋은' 노동 세계와 상당히 거리가 있다. '질 좋은' 노동 세계를 향한 지향이 실종된 것처럼 보이고, 장시간 노동이라는 모순은 고스란히 대물림되고 있는 상황이다.

과로 사회를 넘어서려는 노력은 질 좋은 일자리를 지향하는 흐름 속에서 여러 문제를 종합적으로 고려하면서 해결해 나가는 방식으로 시도돼야 한다. 이를테면 '질 좋은' 노동 시간을 구축하는 일은 그것 자체로 고용 기회의 확대와 노동의 질을 제고하는 요소인 동시에 일과 생활의 조화, 안전한 노동, 건강권, 건강한 육아, 여유로운 삶, 사회적 약자에 관한 존중 등을 함께 보장할 수 있는 토대가 되기 때문이다.

그러려면 시간의 민주화를 지향하는 진보 정치가 필요하다. 진보 정치의 임무는 장시간 노동의 예속에서 우리의 삶을 해방시키는 것이다. 정책 개선이나 권리 담론만으로는 한계가 있다. 정치 투쟁이나 경제 투쟁만으로는 한계가 있다. 진보 정치는 시간의 분배, 시간 권리의 보장, 자유 시간이 지니는 가치의 인정, 대항 프레임의 구축, 남성주의적 노동 규범의 해체 등 전방위적인 대안을 마련해 시간을 민주화해야 한다.

장시간 노동 관행은 오래된 착취 수단이자 우리의 삶 전체를 예속화하는 장치로, 복잡한 원인들이 얽히고설킨 악순환의 산물인 까닭이다. 언뜻 낭만적이고 불가능해 보이는 일을 가능한 현재로 만들려면 자유의 세계를 향한 전망과 진보 정치를 결합하려는 노력이 필요하다. 시간의 민주화를 통해 장시간 노동이라는 예속을 해체한다면 우리는 충분히 다른 현재, 다른 미래, 다른 세계를 그릴 수 있다.

에필로그_____과로 사회를 넘어설 기획을 상상하자

《과로 사회》는 과로 사회 너머의 세계를 진지하게 그리지는 못했다. 역량이 부족했다. 그래도 분명하게 확인할 수 있는 사실은 사람들은 우리의 삶을 옭아매는 과로 사회의 굴레를 버거워 한다는 점이다. 물론 과로 사회의 한계가 우리를 새로운 세계로 직접 안내하지는 않는다. 《과로 사회》 이후의 과제는 과로 사회를 넘어선 실험과 기획들을 꼼꼼히 그려내는 일이다.

《과로 사회》에 채우지 못한 내용들이 너무 많다. 이를테면 과로사회의 먹고 마시고 노는 이야기들, 말초적 여가의 사회적 특징, 비정규직의 삶과 여가 패턴, 맞벌이의 노동 시간표와 상품화 사이의 관계, '외국인' 노동자 프레임과 여가 통제, 24시간 어린이집 아이들의 가족 이야기, 통금 시대의 여가 정치, 근면을 생산하는 장치, 자기 계발 시대의 자기 계발하는 여가의 역설, 사회 규범과 여성의 여가, 휴가의 로망과 현실, 게으를 수 있는 권리에 관한 탐색, 여가를 지향하는 다양한 실험과 기획 등이다. 아쉬운 내용들은 다음에 쓸 책《여가 없는 나라의 여가풍경》에 담아야겠다.

《과로 사회》를 시작하게 된 계기는 2007년 어느 세미나에서 기획한 '과로하는 한국인' 프로젝트였다. 그 뒤 학위 논문을 마무리하고 나서야 《과로 사회》를 마칠 수 있었다. 그동안 동료, 선후배, 선생님의 많은 도움을 받았다. 감사의 말은 이럴 때 쓰는 것 같다. 진심으로 감사드린다고 전하고 싶다. 그리고 "교정보는 데 상당히 힘들어 시간이 많이 걸렸다"는 편집자의 말대로 초고와 최종 편집본에 사이에 상당한 변화가 있었다. 《과로 사회》는 협업의 산물이다.

《잃어버린 10일》 이후 2년 만이다. 그때는 뱃속의 첫째 해나를 기다렸다. 지금은 뱃속의 둘째 해인을 기다리고 있다. 마지막으로 묵묵히 지켜봐주시는 부모님께 깊이 감사드린다. 그리고 늘 격려를 아끼지 않는 안주희에게도 고맙다고 전하고 싶다.

머리말 장시간 노동이라는 돼지우리에서

1 이 중 1장의 '신성일과 이주일'은《잃어버린 10일》(김영선, 2011a) 서문에서, '일과 삶의 불균형'은 《담론201》 제49호(김영선 외, 2013)에서, 2장의 '자유 시간을 둘러싼 프레임'은《노동과 건강》 제86호 (김영선, 2012a)에서, 3장의 '24시간 '회전하는' 사회'는《시사저널》(김영선, 2012b)에서, '고객 감동 시대, 우리는 모두 항공 승무원'은《여가학연구》 제8권 3호(김영선, 2010)에서, '날품팔이의 미래 서사 없는 삶'은《안산시사》(제6권)(김영선, 2011b)에서, 4장의 '성월요일'은《잃어버린 10일》에서, '근로자의 날'과 '해태제과 8시간 투쟁'은《한국 노동사 사전 — 70년대》(김원 외, 2011)에서, '과로사 회를 넘어서'는《실노동시간 단축의 올바른 방향과 노동조합의 과제》(강연자 외, 2010)에 게재한 내용을 수정하고 보완했다.

1장 대한민국은 여전히 과로 중

1 산재 사망은 특히 비정규직에 집중돼 있다. 노동부 산재통계개선위원회(2007)에 따르면, 비정규직 의 산재 사망은 정규직의 2배에 이르렀다. 장시간 노동의 위험은 하층에 더욱 축적되고 있다.
2 일과 삶의 관계는《시간을 묻다》(Jacobs and Gerson 2010)의 4장 '일은 어떻게 우리의 일상을 침범하는가?'와 *The Myth of Work-Life Balance*(Gambles, Lewis and Rapoport 2006)의 "The Invasiveness of Paid Work" 참조.
3 기업 또한 가족 친화 경영을 내세우는 프로그램을 배치하고 있으며, 유행처럼 인증을 받고 있다.
4 가족 친화적 회사를 참여 관찰한 혹실드(2001)는 여성 노동자들이 가족 친화 프로그램을 포기하게 된 이유를 상사의 눈치 같은 작업장 분위기, '땡녀' 또는 '여자들은 애사심이 없어' 식의 시간 일탈자 (time deviant) 낙인, 임금 감소와 승진 불리 같은 비용이나 제재가 따를지도 모른다는 두려움과 공포, 마미 트랙 같은 성차별 담론 때문이라고 강조한다.
5 유한킴벌리 사례는 가족 친화 프로그램의 선순환 효과를 살펴보는 데 많은 도움이 된다. 신뢰 경영→가족 친화 경영→높은 직무 만족·몰입→경쟁력 제고→생산성 향상·복지를 위한 많은 투자.

정책을 작업장에 적용하는 과정에서 발생할 수 있는 다양한 문제와 애로 사항들을 해결하는 과정에서 유한킴벌리가 쌓은 노하우들(이를테면 관리자의 의지, 지속적인 선언, 프로그램의 실질적 효과를 위한 실천들, 과감한 투자, 좋은 사례 공유 등)은 충분히 연구되고 공유돼야 할 것이다.

6 경력 단절 경향은 여성의 연령별 경제 활동 참여율이 M자형 고용 패턴을 띄는 것을 통해 확인할 수 있다. 20대 남자의 경제 활동 참여율은 20대 63.6퍼센트에서 30대 93.0퍼센트로 높아지는 반면, 여자는 20대 61.9퍼센트에서 30대 54.8퍼센트로 크게 준다(통계청 2011). 20대에는 남녀 사이에 별 차이가 없다가 30대가 되면 40퍼센트 가까이 격차가 벌어진다.

7 관련된 연구를 보면, '가정보다 일터가 더 편안한가?'라는 질문에 40.6퍼센트가 그렇다고 했다. 강수돌은 "한국인들이 생활에서 느끼는 내면의 불만이나 스트레스를 잊기 위해 직장과 일 속에서 침잠하려는 경향이 더 높다"고 지적한다(강수돌 · 하이데 2009, 254).

8 전국교직원노동조합 대전 지부가 공개한 대전 어느 고등학교의 '2011년 교원 성과상여금 평가 기준'을 보면, 근무일수를 0.1점 단위로 점수화하고 있다. 연가, 병가, 출산 휴가, 육아 휴직 등이 '결근'으로 처리돼 출산 휴가 90일을 사용하면 9점이 감점된다(《오마이뉴스》, 〈출산휴가 쓰면 성과급 평가 감점 … 출산이 죄?〉, 2011년 3월 21일).

9 2006년 147개 기업의 인사 담당자를 대상으로 가족 친화 제도 시행의 장애 요인을 분석한 연구에 따르면(한지숙 · 유계숙 2009, 214~215), '제도 시행에 따른 비용 부담 증가'(64.3%), '제도 시행과 관련한 정부의 지원 미비'(60.5%), '대체 인력의 부족'(48.8%), '제도 시행 시 근로자 간 형평성 문제'(45.2%) 등이 문제로 지적되고 있다.

2장 과로 사회, 어떻게 볼 것인가

1 노원구와 성북구는 2013년부터 산하 기관 노동자들에게 '생활 임금(living wage)'을 처음으로 적용하고 시행한다. 생활 임금은 주거, 식료품, 교육, 문화, 의료비 등을 종합적으로 고려해 인간다운 삶을 누릴 수 있는 적정한 소득을 보장하는 것을 목표로 한다. 노원구와 성북구의 조치는 현재의 최저 임금이 너무 낮고 실제 생활수준을 반영하지 못한다는 문제 제기에서 시작됐으며, 저임금 구조를 개선하는 데 보완적인 구실을 할 것으로 기대된다.

2 MBC, 〈미래소년 코드박〉 '인센티브' 편(2012년 1월 24일).

3 대한상공회의소가 2012년 10월 상시 근로자 수 300인 이상 대기업 300개사를 대상으로 조사한 결과에 따르면 정년이 60세 이하인 기업은 88.7퍼센트였다.

4 민주노총 · 한국노총, 〈양 노총 · 각 정당 노동정책공약 비교 · 평가 토론회〉(2012년 3월 14일).

5 MBC, 〈뉴스플러스〉, "노동시간 세계 최고 … 죽음의 맞교대"(2011년 11월 25일).

6 어빙 고프먼(Erving Goffman)의 '삶은 연극(theatrical performances)'이라는 은유는 사회 기관 또한 프레임(병원, 법원, 군대)에 따라 작동되고, 우리는 그 프레임에 따라 행동한다는 점을 재미있게 보여준다(Lakoff 2007, 46).

7 2000년 초반 미국 대선에서 공화당이 '세금 감면(tax cut)'이라는 표현 대신 '세금 구제(tax relief)'라

는 용어를 사용하면서 여론을 되돌린 일은 프레임의 중요성을 보여주는 대표적인 사례다. 2011년 주민 투표까지 이어질 만큼 국민적 관심이 뜨겁던 무상 급식 논란도 프레임의 중요성을 보여준다. 무상 급식에 찬성하는 쪽은 '의무' 급식이라는 용어를 사용했고, 반대하는 사람들은 '무상' 급식, '세금' 급식이라는 표현을 내세웠다.

8 여기에서 언급된 자료는 《잃어버린 10일》의 부록 중 '표3 1990년대 이후 휴일·휴가를 둘러싼 경영 담론의 언표들'을 참조했다.

9 일련의 진단과 대책 중에서 '노동 운동-임금 인상-경제 위기'라는 도식이 반복 재생산됐고, 정권의 해결책은 민주 노조 운동에 향한 노동 통제를 목표로 했다. 위기설은 1989년 말에 대대적으로 유포되는데, 1990년 1월 전국노동조합협의회 결성에 강경하게 대응한다는 방침을 내세우기 위한 사전 정지 작업의 하나였다.

10 '일과 소비의 다람쥐 쳇바퀴'에 관한 논의의 시대 맥락은 1970년대부터 1990년대 이전이다.

11 미국 상무부 경제분석국(BEA)의 자료(www.bea.gov) 참조.

12 Chris Rojek, *The Labour of Leisure: The Culture of Free Time*, Sage, 2009의 "The Leisure Society Thesis and its Consequences" 참조.

13 멋진 신세계류에 관한 비판은 쇼어가 하는 논의의 이론적 함의에 해당한다. 이밖에 우리가 눈여겨 볼 점은 생애 차원(무슬림하고 한 결혼), 학문 차원(하버드 대학교 경제학과에서 보스턴 대학교 사회학과로 이직)에서 쇼어가 가진 독특한 이력이다.

14 또한 기업들은 신규 고용에 따라오는 비용을 낮추려고 기존 노동자에게 잔업 수당이나 특근비를 더 주는 한이 있더라도 장시간 노동을 선호한다.

15 한국에는 요즘 '중산층 별곡(別曲)'이 회자된다. 30평 이상의 아파트, 500만 원 정도의 월급, 2000시시 이상의 중형차, 1억 원 정도의 예금 잔고, 1년에 한 번 정도 가는 해외여행 등이 중산층에 해당하는 항목이다.

16 소비 장치의 대표 주자는 물론 광고다. 스마트 시대, 맞춤 정보라는 이름으로 우리를 따라다니는 '표적' 광고는 끊임없이 우리의 욕망을 자극한다(KBS, 〈新감시 사회〉. 인터넷은 알고 있다〉, 2012년 2월 20일). 쇼어는 《쇼핑하기 위해 태어났다》에서 고도로 세밀해지는 소비 장치들을 집중 탐구하고 있다.

17 국회 정무위 소속 유원일 의원이 분석한 〈시중은행 주택담보대출 대출잔액 및 이자수익 현황〉(2011)을 보면, 7대 시중(2행이 주택 담보 대출로 벌어들인 이자 수익은 51조 627억 원에 이르렀다. 이 금액은 당기순이익보다 58퍼센트나 많은 액수로 부동산 거품 속에서도 경쟁적으로 주택 담보 대출을 늘려 이자 수익을 거둬들인 결과다.

18 줄리엣 B. 쇼어, 《제3의 경제학》, 위즈덤하우스, 2011과 크리스 로젝, 《여가와 문화》, 리체레, 2011, 68~83쪽 참조.

1 맞벌이 가구는 배우자가 있는 1162만 가구 중 507만 가구로, 전체의 43.6퍼센트를 차지했다. 맞벌이 가구 중 44만 가구(8.6%)는 이른바 '주말 부부'다(2011년 6월 기준, 통계청 '2011년 맞벌이가구 및 경력단절 여성 통계 집계 결과').

2 경제 위기 이후 비표준 형태의 노동이 확대됐는데, 모두 야간 노동으로 이동한 것은 아니지만 무시할 수 없는 흐름이었다.

3 세계보건기구(WHO) 산하 국제암연구소(IARC)는 심야 노동을 2급 발암 물질로 규정하기도 했다. 심야 노동은 또 다른 이름의 발암 물질이라는 것이다(《주간경향》 2011년 11월 1일). 심야 노동자의 건강권이 절박하다.

4 시뮬라크르(simulacre)는 가상, 꿈의 이미지, 거짓 그림 등을 뜻하며, 원본과 단절된 새로운 것으로 그것 자체가 또 다른 실재가 된다는 의미다.

5 폭스콘(FOXCONN)은 중국의 세계적인 전자 제품 생산 업체로 80여만 명을 고용하고 있다. 12건의 투신 사건이 발생한 선전 공장은 주야 2교대로 24시간 쉼 없이 가동되고 있다(《한겨레》, 〈24시간 쉬지 않는 공장, 노동자는 입 다문 로봇〉, 2010년 5월 27일).

6 켄 로치(Ken Loach)의 영화 〈레이닝 스톤(Raining Stones)〉(1993)에서 딸에게 제대로 된 성찬식 드레스를 입히고 싶은 주인공 밥은 어느 목장의 양 한 마리를 서리해 동네 정육점에 넘기기도 하고, 보수당 클럽의 정원 잔디를 떼어 파는 등 무슨 수를 써서라도 돈을 마련하려 애쓴다. 밥의 장인은 정세를 개탄하며 "노동자에게는 매일같이 비처럼 돌이 쏟아진다"고 말한다.

7 양극화가 어느 정도로 진행되고 있는지는 월가 시위의 메시지에서 가늠해볼 수 있다. 월스트리트 반대 시위에서 가장 눈에 띈 구호는 '우리가 99%다'(We are 99%)였다. 이 구호는 상위 1퍼센트가 금융 자산의 51퍼센트, 부의 40퍼센트, 국민소득의 23퍼센트를 차지한 반면, 하위 50퍼센트가 소유한 금융 자산은 전체의 0.5퍼센트에 불과한 현실을 여실히 드러낸다. 2002~2007년만 보더라도 상위 1퍼센트의 소득증가율은 60퍼센트인 반면 나머지 99퍼센트의 소득증가율은 6퍼센트에 그쳤다 (Frieden 2006). 수익은 개인화된 반면, (빈부 격차를 포함한 경제) 위기는 지극히 사회화돼 있다. 위기에 대처하기 위한 사회적 개입이 절실히 필요하다.

8 공지영의 소설 《도가니》를 원작으로 삼아 청각 장애인 학교에서 일어난 성폭력 사건을 다룬 2011년 영화다.

9 두리안은 냄새가 고약해 공공장소에는 반입할 수 없다. 그러나 과일의 왕이라고 불리며 동남아시아 를 상징하는 과일이다. 지옥의 향을 가졌지만 천국의 맛을 지녔다고 한다.

10 인터넷에 널리 퍼진 '김 여사' 담론도 여기에 해당한다. 여성 운전자가 빠르게 증가하는 상황에서, 여성 운전자와 황당한 사건을 연결하고 부각시켜 김 여사로 낙인찍는 남성주의적 반응이 김 여사라는 통념으로 고착된 것이다. 그러나 교통사고 자료를 보면, 1000명 기준으로 남성이 6건이고 여성이 1.8건으로 남성 사고율이 훨씬 높았다(SBS, 〈억울한 김여사, 위험한 김사장〉, 2012년 6월 28일).

11 2011년 9월 국회 법제사법위원회 노철래 의원에 따르면, 일선 검찰청에 사건이 접수돼 수사를 받은 성폭력 사범은 2만 1116명(2008년)으로 전해(1만 5819명)에 견줘 33.5퍼센트 늘었다. 성폭행과

추행이 하루 60건씩 발생한 셈이다(《중앙일보》, 〈성폭행·추행 하루 60건〉, 2011년 9월 20일).

12 시혜 차원의 복지, 이벤트성 정책, 다문화의 상품화, 이주민 교육에 관련된 종합적인 노력의 부재, 여전히 차별적인 포섭 정책, 이주민을 향한 이중의 시선 등이 이런 문제에 해당된다. 특히 현대판 노예제라고 비판받는 고용허가제는 최근 사업주에게만 이주 노동자 명단을 주게 한 지침(직장 선택의 자유 제한, 2012년 8월 1일)을 내려 이주 노동자의 노동권과 인권을 침해하고 미등록 이주 노동자를 양산하고 있다.

4장 시간을 둘러싼 투쟁

1 월요일을 휴가와 축제의 날로 생각하는 오랜 관행이 있었다. 1791~1850년 동안 버밍햄에서는 월요일에 결혼식을 올리는 비율이 40퍼센트 정도였다. 세례식도 월요일에 하는 경우가 가장 많았다 (Reid 1996).

2 1870년대 합리적 오락 운동에 관해서는 Rojek(2009)의 4장을 참조할 수 있다. 한편, 성월요일 풍습처럼 시간을 둘러싼 투쟁의 사례로 한국의 음력설을 들 수 있다. 지금 같은 3일 연휴의 음력설은 1989년 제정됐는데, 이전에는 '일하는 날'로 강제됐고(일제 강점기), 쇠고기 방출이 금지되기도 했으며(1950년대), 근검과 절약 차원에서 허용되지 않았다(1970년대)(김문겸 1993, 140~144). 이밖에도 어린이날(한영혜 2005), 어버이날(강준만 2008)과 각종 기념일(지수걸 2000)을 통해서도 시간을 둘러싼 투쟁의 의미를 관찰할 수 있다.

3 노동자들은 8시간제를 내걸고 전국 총파업에 들어갔는데 30만여 명이 파업에 참가했다. 경찰은 헤이마켓 사건을 조작해 투쟁 지도부 8명을 체포해 5명을 교수형에 처했다. 노동 운동 지도자 오거스트 스파이스(August Spies)는 "만약 그대가 우리를 처형해 노동 운동을 쓸어 없앨 수 있다고 생각하면, 우리 목을 가져가라! 그러나 당신 앞뒤에서 사방팔방 타오르는 들불은 끌 수 없을 것이다"라는 최후 진술을 했다. 그 뒤 노동자들은 치열한 투쟁을 해 8시간 노동제를 쟁취했다.

4 이듬해부터 박정희 정권은 과격한 불법 노사 분규가 많이 일어나 사회 질서가 무너지는 오명의 날에서 벗어나자는 취지에서 5월 1일을 '법의 날'로 기념했다.

5 장시간 노동은 다양하면서도 모순된 열망을 담고 있다. '더 많은 임금', '가난 극복', '잘 살아보세', '가족 부양', '가족 책임', '자긍심', '우월감', '유능함', '안정감', '아버지다움', '남편다움' 등. 장시간 노동은 그야말로 우리네 희망과 좌절, 기쁨과 고통, 웃음과 눈물이 고스란히 배어 있는 지점이기도 하다.

6 1970년대 말 회사는 "강한 경쟁 압력" 때문에 공장 운영을 현대화하지 않으면 안 될 "압박을 받고" 있다고 주장했다. 회사는 새로운 방식의 불가피성을 동원하기 시작했다.

7 회사측이 6시간제를 반대한 이유는 교대조를 하나 더 추가해야 하고, 따라서 노동자를 더 고용해야 하며, 감독관도 추가로 고용해야 하고, 부가 급여에 들어가는 비용도 증가하기 때문이다.

8 여가는 계급 의식을 형성하며 가족과 교회와 지역 사회를 유지하는 '문화 자산'으로 표현할 수 있다. 노동 규율을 벗어나 '자유로운 활동'을 하도록 문을 열어주는 문화적 매개로 해석된다. 유한킴벌

리의 4조 교대제 실험에서도 비슷한 표현이 발견된다. "삶에 여유", "자기만의 시간", "가족과 함께", "농사를 거들어드리고", "배드민턴과 수영을 다시 시작", "클래식 기타를 배우고", "레이싱을 즐기러 갑니다" 등이 여기에 해당한다.

9 리처드 로티의 제자이자 급진 철학자인 프린스턴 대학교 종교학과 코넬 웨스트(Cornel West)는 이것을 '실존적 민주주의(existential democracy)'로 표현한다. 거대한 억압 구조와 맞선 전투에서 실존적인 문제들과 부딪히고 씨름하는 데 중요한 자산이라고 한다.

10 1866년 스위스 제네바에서 열린 제1인터내셔널이 추구해야 할 기본 조항으로, 마르크스가 제안한 내용이다(황선길 2002 재인용).

11 시간을 민주화하는 또 하나의 방식으로 1982년 네덜란드에서 맺어진 바세나르 협약을 들 수 있다. 최악의 경제 위기를 마주한 네덜란드의 노사정이 위기를 극복하기 위해 맺은 이 협약의 핵심은 '집합적인 노동 시간 단축'이었다. 노동 시간을 36시간으로 줄여 더 많은 노동자들이 일할 수 있게 하자는 게 목적이었다. 적은 노동 시간, 높은 생산성, 높은 고용 안정성, 노동시장의 유연성, 노동자의 노동 시간 조정 권리 등을 확보할 수 있게 된 바세나르 협약의 메시지를 곰곰이 따져봐야 할 것이다.

12 상대적 빈곤율은 중위 소득의 절반에 못 미치는 사람이 전체 인구에서 차지하는 비율이다. 2010년 기준 상대적 빈곤율은 14.9퍼센트다.

국내 문헌

강수돌. 2007. 《일중독 벗어나기》. 메이데이.

_____. 2011. 〈다시, 노동시간 단축운동: 장시간 노동 체제, 문제의 뿌리와 극복의 전망〉. 《노동사회》 159호.

강수돌·하이데, 홀거. 2009. 《자본을 넘어, 노동을 넘어》. 이후.

강연자·김미정·김영선·이상호. 2011. 《실노동시간단축의 올바른 방향과 노동조합의 과제》. 전국 민주노동조합총연맹.

강이수 외. 2009. 《일·가족·젠더: 한국의 산업화와 일 — 가족 딜레마》. 한울아카데미.

강현수 외. 2012. 《도시와 권리》. 라움.

고려대학교 언론연구소. 2006. 《서울 야호》. 화인존.

김경희·반정호·이정훈. 2008. 〈가족친화 고용정책의 기업 수용성 분석: 유연근로제도를 중심으로〉. 《산업노동연구》 14권 2호.

김경희·김민희. 2010. 〈입법과정에 나타난 일가족 양립 문제의 프레임에 관한 연구〉. 《담론201》 13권 4호.

김명환·김중식. 2006. 《서울의 밤문화》. 생각의 나무.

김무경. 2011. 〈찜질방: 숨은 광장?〉. 《문화와사회》 10권.

김원. 2006. 《여공 1970, 그녀들의 반역사》. 이매진.

김원·이남희·신원철·이광일·임송자·김영선. 2011. 《한국 노동사 사전: 70년대》. 한국학중앙연 구원.

김원태. 2010. 〈새로운 노동시간정치를 위하여〉. 《1등만 기억하는 더러운 세상을 뒤집어라》. 매일노동 뉴스.

김영선. 2010. 〈고객감동의 시대, 우리 모두는 항공승무원〉. 《여가학연구》 8권 3호.

_____. 2011a. 《잃어버린 10일: 경영담론으로 본 한국의 휴가정치》. 이학사.

_____. 2011b. 〈이주민 노동운동과 지원정책〉. 《안산시사》(6권). 안산시사편찬위원회.

_____. 2012a. 〈경쟁력의 언어에 휩싸인 휴가〉. 《노동과 건강》 86호.

_____. 2012b. 〈늘 피곤한 사회의 어두운 그림자〉. 《시사저널》 1176호.

김영선·천혜정·최석호. 2013. 〈일-가족 균형정책, 제도와 현실의 격차〉. 《담론201》 49호.

김유선. 2011. 〈비정규직 규모와 실태〉. 한국노동사회연구소.

_____. 2012. 〈비정규직 규모와 실태〉. 한국노동사회연구소.

김인아 외. 2011. 〈자연의 법칙 거스르는 24시간 자본주의: 비표준적 노동시간과 건강〉. 《노동과 건강》 가을호.

김재원. 1989. 〈임금정책〉. 《노동경제 40년사》. 한국경영자총연합회.

김주환. 2002. 〈노동시간 단축 투쟁에 대한 단상〉. 《한국비정규노동센터연구》 13호 2권.

김진숙. 2007. 《소금꽃나무》. 후마니타스.

김철식. 2009. 〈노동의 불안정화를 양산하는 자본의 전략〉. 《비정규직 없는 세상》. 메이데이.

김현주. 2012. 〈노동자 탓 아니라 장시간 노동 탓이다〉. 《경향신문》 2012년 10월 22일.

김형민. 2008. 〈근로시간 단축을 위한 과제〉. 한국노총중앙연구원.

노동부. 2008. 〈사업장근로감독 종합시행계획: 근로시간 점검 분야〉.

노명우. 2008. 〈소비를 위한 노동〉. 《프로테스탄트 윤리와 자본주의 정신: 노동의 이유를 묻다》. 사계절.

류제철. 2010. 〈1970년대 여성노동자의 여가시간을 둘러싼 투쟁〉. 《사회와 역사》 85집.

민주노총 정책기획실. 2008. 〈'좋은 일자리' 지수 OECD 국제비교〉. 민주노총.

박길성. 2001. 〈세계화와 한국사회의 변화: 굴절과 동형화의 10년〉. 《사회과학》 40권.

박배균. 2003. 〈세계화와 잊어버림의 정치: 안산시 원곡동의 외국인 노동자 거주지역에 대한 연구〉. 대한지리학회 춘계학술대회 논문집.

박선권. 2005. 〈현대인의 여가생활과 소비양식〉. 《현대사회와 소비문화》. 일신사.

박승옥. 1990. 〈빼앗긴 노동절 33년의 역사〉. 《월간 말》.

박준성. 2009. 《노동자 역사 이야기》. 이후.

박천웅. 2010. 〈다문화 사회의 적〉. 안산이주민센터 다문화컬럼 게시글 219번(migrant.or.kr/xe/column/18856).

박태주. 2009. 〈현대자동차의 장시간 노동체제와 '주간연속 2교대제'에 대한 시사점〉. 《동향과 전망》 76호.

순점순. 1981. 《8시간 노동을 위하여》. 풀빛.

스즈키 아키라. 2011. 〈일본의 심야, 장시간 노동에 대한 현실과 대책〉. 《노동과 건강》 가을호.

신경아. 1999. 〈노동시간과 여성의 노동 경험〉. 《문화과학》 20호.

신병현. 2008. 〈민주노조 정치양식의 시효소멸〉. 《사라진 정치의 장소들》. 천권의책.

_____. 2010. 〈신경영전략론의 수사학적 재현과 리프레이밍에 대한 비판적 고찰〉. 《경제와 사회》 92호.

신원철. 2005. 〈관리의 도입과 작업장 체험〉. 《산업노동연구》 9권 2호.

심성보. 2010. 〈노동자의 작업장 생활과 일상생활〉. 《안산의 산업화 및 노동문화에 대한 연구》. 안산시

사편찬위원회.

안정옥. 2003. 〈열심히 일한 당신, 더 일해라!〉.《한겨레21》 2003년 3월 27일.

안정옥. 2010. 〈시간의 탈구와 일상의 비참: 울산 자동차 노동자의 사례〉.《사회와역사》 88호.

여성부. 2008.《여성가족통계연보》 3호.

역사학연구소. 2004.《메이데이 100년 역사》. 서해문집.

오경석. 2011. 〈국경없는 마을〉.《안산시사》(6권). 안산시사편찬위원회.

외국인노동자대책협의회. 2000. 〈2000년 제5차 외노협 정기총회 자료집〉.

원숙연. 2005. 〈일-가정양립지원정책을 둘러싼 수사와 현실〉.《한국정책학회보》 14권 2호.

은수미. 2011. 〈노동정치를 통해서 본 한국의 비정규 현상〉.《한국 진보정치운동의 역사와 쟁점》. 한울아카데미.

이상헌. 2002. 〈노동시간의 정치경제학〉.《현대 마르크스경제학의 쟁점들》. 서울대학교출판부.

_____. 2010. 〈장시간 노동체제의 포로에서 벗어나라〉.《프레시안》 2010년 3월 2일.

이영석. 2011.《공장의 역사》. 푸른역사.

이원보. 2005. 〈유신독재에 맞선 민주노조운동의 형성과 성장〉.《노동사회》 97호.

이정식. 2002. 〈노동시간 단축 운동의 과거·현재 그리고 미래〉.《한국비정규노동센터연구》 13호 2권.

이정일. 2010. 〈장시간 근로의 원인과 개선방향〉.《근로시간·임금제도개선위원회 활동보고서(Ⅰ)》 (2009.6~2010.6). 경제사회발전노사정위원회.

임복남. 2012. 〈최저임금 인상이 아닌 생활임금 쟁취로 나아가야〉.《진보평론》 53호.

임삼진. 2010. 〈버스운수업 근로시간 실태와 개선방안〉.《근로시간·임금제도개선위원회 활동보고서 (Ⅰ)(2009.6~2010.6)》. 경제사회발전노사정위원회.

임신예. 2011. 〈교대근무는 노동자 건강에 치명적이다〉.《노동과 건강》 가을호.

임인택. 2009. 〈나는 아침이 두려운 9번 기계였다〉.《한겨레21》 778호.

장지연. 2003. 〈고령자의 임금과 취업형태〉. 한국노동연구원.

전상인. 2010. 〈편의점 평천하〉. 문화사회학회 심포지움 자료집.

정건화 외. 2005.《근대 안산의 형성과 발전》. 한울아카데미.

정승국. 2005. 〈여가 없는 노동?: 1970년대 자동차 기업의 노동자 생활〉.《경제와 사회》 68호.

정영금. 1997. 〈생산중심적 조직 내의 성별관계: 공식부문 경력 여성을 중심으로〉. 이화여대 대학원 여성학과 박사학위 논문.

정혜원. 2004.《대한민국 희망보고서 유한킴벌리》. 거름.

정희정. 2010. 〈파트타임 도입 이전에 과도한 노동시간 단축해야〉.《오마이뉴스》 2010년 11월 29일.

최석호·김영선. 2007. 〈더 일하고 소비하고 … 속고 사는게 아닐까〉.《경향신문》 2007년 4월 19일.

최숙희. 2008.《근로관의 국제 비교》. 삼성경제연구소.

최진성. 2003. 〈종교경관의 지리적 해석〉. 한국교원대학교 대학원 박사학위 논문.

한국노동안전보건연구소. 2007.《교대제 무한이윤을 위한 프로젝트》. 메이데이.

한국노동연구원. 2012. 〈기혼여성의 시간제근로〉.《노동리뷰》 92호.

한국노동조합총연맹. 1979. 《한국노동조합운동사》. 한국노동조합총연맹.

한국산업안전공단 산업안전보건연구원. 2008. 〈한국타이어(주) 역학조사〉.

한국콘텐츠진흥원. 2011. 《2011 방송영상산업백서》. 한국콘텐츠진흥원.

한병철. 2012. 《피로사회》. 문학과지성사.

한윤형 · 최태섭 · 김정근. 2011. 《열정은 어떻게 노동이 되는가》. 웅진지식하우스.

한정우. 2009. 〈안산시 원곡동 이주민의 영역화 과정〉. 한국교원대학교 교육대학원 석사학위 논문.

한지숙 · 유계숙. 2007. 〈기혼근로자의 성역할태도와 일-가족 지향성이 일-가족 갈등/촉진 및 가족친화제도 이용에 미치는 영향〉. 《한국가정관리학회지》 25권 5호.

황선길. 2002. 〈공장가동 시간, 노동시간 단축 그리고 노동의 유연화〉. 《질라라비》 준비호 6권.

황익주. 1997. 〈공장노동자들의 여가생활: 성남 사례〉. 《한국인의 소비와 여가생활》. 한국정신문화연구원.

해외 문헌

Adorno, T. and M. Horkheimer. 1947. *Dialektik der Aufklärung*. S. Fischer. 김유동 옮김, 《계몽의 변증법》, 문예출판사, 1995.

Bauman, Z. 2004. *Work, Consumerism and the New Poor*. Open University Press. 이수영 옮김, 《새로운 빈곤》, 천지인, 2004.

Beck, U. 1999. *Schone neue Arbeitswelt*. Campus Verlag. 홍윤기 옮김, 《아름답고 새로운 노동의 세계》, 생각의 나무, 1999.

Beck, U. 1986. *Risikogesellschaft*. Suhrkamp. 홍성태 옮김, 《위험사회》, 새물결, 2006.

Becker, G. 1976. *The Economic Approach to Human Behavior*. Chicago: University of Chicago Press.

Baudrillard, J. 1970. *The Consumer Society: Myths and Structures*. Gallimard. 임문영 옮김, 《소비의 사회》, 계명대학교출판부, 1998.

Berardi, F. 2009. *The Soul at Work*. Semiotext(e). 서창현 옮김, 《노동하는 영혼》, 갈무리, 2012.

Bourdieu, P. 1979. *La Distinction*. Les Éditions de Minuit. 최종철 옮김, 《구별짓기》, 새물결, 2005.

Bunting, M. 2005. *Willing Slaves: How the Overwork Culture is Rulling Our Lives*. Harper Perennial.

Campbell, C. 1987. *The Romantic Ethic and the Spirit of Modern Consumerism*. Writers Print Shop. 박형신 · 정헌주 옮김, 《낭만주의 윤리와 근대 소비주의 정신》, 일신사, 2010.

Cohen, S. 2003. *Folk Devils and Moral Panics*. Routledge.

Cross, G. 1993. *Time and Money: The Making of Consumer Culture*. Routledge.

De Graaf, J. 2003. *Take Back Your Time: Fighting Overwork and Time Poverty in American*. Berrett-Koehler Publisher.

Dickens, C. 1854. *Hard Times*. Bradbury & Evans. 장남수 옮김, 《어려운 시절》, 창작과비평사, 2009.

Edsforth, R. 2000. *The New Deal: America's Response to the Great Depression*. Wiley-Blackwell.

Ehrenreich, B. 2001. *Nickel and Dimed*. Metropolitan Books. 최희봉 옮김, 《노동의 배신》, 부키, 2012.

Epstein, C. F. 1999. *The Part-time Paradox: Time Norms, Professional Lives, Family, and Gender*. Routledge.

Epstein C. F. and A. L. Kalleberg. 2006. *Fighting for Time: Shifting Boundaries of Work and Social Life*. Russell Sage Foundation.

Fairclough, N. 2001. *Language and Power*. Pearson Education ESL. 김지홍 옮김, 《언어와 권력》, 경진, 2011.

Fairclough, N. & R. Wodak. 1997. "Critical discourse analysis." *Discourse as Social Interaction*. Sage.

Figart D. M. and L. Golden. 2000. *Working Time: International Trends, Theory and Policy Perspectives*. Routledge.

Foucault, M. 1975. *Histoire de la Sexualite*. Gallimard. 이규현 옮김, 《성의 역사: 앎의 의지》, 나남, 2004.

Foucault, M. 2007. *Security, Territory, Population*. Palgrave. 오트르망 옮김, 《안전, 영토, 인구》, 난장, 2011.

Frieden, J. 2006. *Global Capitalism: Its Fall and Rise in the Twentieth Century*. W. W. Norton & Company.

Gambles, R., S. Lewis and R. Rapoport. 2006. *The Myth of Work-Life Balance: The Challenge of Our Time for Men, Women and Societies*. Wiley.

Giddens, A. 2002. *Where Now For New Labour*. Polity. 신광영 옮김, 《노동의 미래》, 을유문화사, 2002.

George, D. 2000. "Driven to spend: long hours as a byproduct of market." *Working Time*. Routledge.

Giddens, A. 1991. *The Consequences of Modernity*. Stanford University Press. 이윤희 옮김, 민영사, 《포스트모더니티》, 1991.

Goffman, E. 1959. *The Presentation of Self in Everyday Life*. Anchor Books. 김병서 옮김, 《자아 표현과 인상관리》, 경문사, 1992.

Gorz, A. 1989. *Critique of Economic Reason Part III*. Verso. 신원철 옮김, 〈노동사회에서 문화사회로의 이행〉, 《후기자본주의와 사회운동의 전망》, 의암출판, 1993.

Hall, S. 1988. *The Hard Road to Renewal*. Verso Books. 임영호 옮김, 《대처리즘의 문화정치》, 한나래, 2007.

Hochschild, A. R. and A. Machung. 1997. *The Second Shift: Working Families and the Revolution at Home*. Avon Books.

Hochschild, A. R. 2001. *Time Bind: When Work Becomes Home and Home Becomes Work*. New York: Owl Books.

Hochschild, A. R. 2002. *The Managed Heart*. Berkeley: The University of California Press. 이가람 옮김, 《감정노동》, 이매진, 2009.

Hohleiter, V. 2009. *Schlaflos in Seoul*. DTV Deutscher Taschenbuch. 김진아 옮김, 《서울의 잠 못 이루는 밤》, 문학세계사, 2009.

Hunnicutt, B. K. 1996. *Kellogg's Six-Hour Day*. Temple University Press. 김승진 옮김, 《8시간 vs 6시간》, 이후, 2011.

Hunnicutt, B. K. 2013. *Free Time: The Forgotten American Dream*. Temple University Press.

ILO. 2006. *Decent Working Time: New Trends, New Issues*. ILO.

Jacobs, J. & K. Gerson. 2005. *The Time Divide*. Harvard University Press. 국미애 · 김창연 · 나성 은 옮김, 《시간을 묻다》. 한울아카데미, 2010.

Kohn, A. 1992. *No Contest*. Houghton Mifflin. 이영노 옮김, 《경쟁에 반대한다》, 산눈, 2009.

Kohn, A. 1993. "Why incentive plans cannot work." *Harvard Business Review* 71(5). pp. 54~63.

Kreitzman. L. 1999. *24 Hour Society*. Profile Books Ltd. 한상진 옮김, 《24시간 사회》, 민음사, 2001.

Krisis. 1999. *Feierabend!* Hamburg. 김남시 옮김, 《노동을 거부하라》, 이후, 2007.

Laclau, E. & C. Mouffe. 1984. *Hegemony and Socialist Strategy*. Routledge. 이승원 옮김, 《헤게모 니와 사회주의 전략》, 후마니타스, 2012.

Lafargue, P. 1887. *Le droit a la paresse*. Paris: F. Maspero. 조형준 옮김, 《게으를 수 있는 권리》, 새물결, 2005.

Lakoff, G. 2005. *Don't Think of an Elephant*. Chelsea Green. 유나영 옮김, 《코끼리는 생각하지마》, 삼인, 2006.

Lakoff, G. 2006. *Thinking Points*. Farrar, Straus and Giroux. 나익주 옮김, 《프레임 전쟁》, 창비, 2007.

Lakoff, G. 2006. *Whose Freedom?* Picador. 나익주 옮김, 《자유 전쟁》, 프레시안북, 2009.

Lasch, C. 1979. *The Culture of Narcissism*. W. W. Norton. 최경도 옮김, 《나르시시즘의 문화》, 문학과지성사, 1989.

Lewis, S. and C. Cooper. 2005. *Work-Life Integration: Case Studies of Organisational Change*. Wilely.

Linder, S. 1970. *The Harried Leisure Class*. Columbia University Press.

Lindstrom, M. 2011. *Brandwashed*. Crown Business. 박세연 옮김, 《누가 내 지갑을 조종하는가》, 웅진지식하우스, 2012.

Lipovetsky, G. 2009. *Bonheur Paradoxal*. Gallimard Education. 정미애 옮김, 《행복의 역설》, 알마, 2009.

Macdonell, D. 1991. *Theories of Discourse*. Wiley-Blackwell. 임상훈 옮김, 《담론이란 무엇인가》,

한울, 1992.

McCracken, G. 1990. Culture and Consumption. Indiana University Press. 이상률 옮김, 《문화와 소비》, 문예출판사, 1996.

Mallett, S. 2004. "Understanding home: a critical review of the literature." *The Sociological Review* 52(1). pp. 62~89.

Nazareth, L. 2007. *The Leisure Economy*. Wiley. 최성애 옮김, 《레저경제학》, 한국트렌드연구소, 2008.

Parker, S. 1976. *The Sociology of Leisure*. Unwin Hyman. 이연택 옮김, 《현대사회와 여가》, 일신사, 1995

Perlin, R. 2012. *Intern Nation*. Verso. 안진환 옮김, 《청춘 착취자들》, 사월의책, 2012.

Presser, H. 2003. *Working in a 24/7 Economy*. Russell Sage Foundation.

Putnam, R. 2001. *Bowling Alone*. Touchstone Books by Simon & Schuster. 정승현 옮김, 《나 홀로 볼링》, 페이퍼로드, 2009.

Rediker, M. 1989. *Between the Devil and the Deep Blue Sea*. Cambridge University Press. 박연 옮김, 《악마와 검푸른 바다 사이에서》, 까치글방, 2001.

Reich, R. 2000. *The Future of Sucess*. Knopf. 오성호 옮김, 《부유한 노예》, 김영사, 2001.

Reich, R. 2002. *I'll be Short*. Beacon Press. 김병두 옮김, 《미래를 위한 약속》, 김영사, 2003.

Reid, D. 1976. "The decline of Saint Monday 1766~1876." *Past and Present* 71(1). pp. 76~101.

Roediger, D. & P. Foner. 1989. *Our Own Time: A History of American Labor and the Working Day*, Greenwood Press.

Rojek, C. 2009. *The Labour of Leisure: The Culture of Free Time*. Sage Publications Ltd.

Rojek, C. 2000. Leisure and Culture. Palgrave Macmillan. 김영선 · 최석호 · 지현진 옮김, 《여가와 문화》, 리체레, 2011.

Sandel, M. 2012. *What Money Can't Buy*. Farrar, Straus and Giroux. 안기순 옮김, 《돈으로 살 수 없는 것들》, 와이즈베리, 2012.

Schor, J. 1992. "The insidious cycle of work‒and‒spend." *The Overworked American: The Unexpected Decline of Leisure*. New York: Basic Books.

Schor, J. 1999. *The Overspent American*. Harper Collins.

Schor, J. 2005. *Born To Buy*. Scribner. 정준희 옮김, 《쇼핑하기 위해 태어났다》, 해냄출판사, 2005.

Schor, J. 2010. *Plentitude: The New Economics of True Wealth*. Penguin Press HC. 구계원 옮김, 《제3의 경제학》, 위즈덤하우스, 2011.

Schwartz, F. N. 1989. "Management women and the new facts of life." *Harvard Business Review* 67. pp. 65~76.

Schwartz, V. 1999. *Spectacular Realities*. University of California Press. 노명우 옮김, 《구경꾼의 탄생》, 마티, 2006.

Sennett, R. 2000. *The Corrosion of Character*. W. W. Norton & Company. 조용 옮김, 《신자유주의

와 인간성의 파괴》, 문예출판사, 2001.

Sennett, R. 2007. *The Culture of the New Capitalism*. Yale University Press. 유병선 옮김, 《뉴캐피털리즘》, 위즈덤하우스, 2009.

Thompson, E. 1967. "Time, work-discipline, and industrial capitalism." *Past and Present* 38(1). pp. 56~97. 이성일 옮김, 〈시간, 노동규율 그리고 산업주의〉, 《학회평론》, 8호, 1994.

Turner, V. 1992. *Blazing the Trail*. Tuscon: University of Arizona Press.

Turner, V. 1982. *From Ritual to Theatre*. Performing Arts Journal Publications. 이기우 · 김익두 옮김, 《제의에서 연극으로》, 현대미학사, 1996.

Verdon, J. 1998. *La Nuit au Moyen Age*. Perrin. 이병욱 옮김, 《중세의 밤》, 이학사, 1999.

Warren, E. 2003. *The Two-Income Trap*. Basic Books. 주익종 옮김, 《맞벌이의 함정》, 필맥, 2004.

Weber, M. 1905. *Die Protestantische Ethik und der Geist des Kapitalismus*. Tübingen: J.C.B. Mohr. 박성수 옮김, 《프로테스탄트 윤리와 자본주의 정신》, 문예출판사, 1996.

West, C. 2001. *Race Matters*. Beacon Press.

West, C. 2005. *Democracy Matters*. Penguin Books.

영상 자료

강우석. 2010. 〈이끼〉. 시네마서비스.

교육방송(EBS). 2011. 〈언어발달의 수수께끼 — 언어가 나를 바꾼다〉.

문화방송(MBC). 2011. 〈노동시간 세계 최고 … 죽음의 맞교대〉. 2011년 11월 25일.

신도일. 2009. 〈반두비〉. 반두비제작위원회.

신재인. 2004. 〈신성일의 행방불명〉. 스폰지이엔티.

심상국. 2009. 〈로니를 찾아서〉. 영화사 풍경.

에스비에스(SBS). 2012. 〈치마만 입어야 하나 거리로 나온 승무원들〉. 2012년 3월 7일.

에스비에스(SBS). 2012. 〈억울한 김여사, 위험한 김사장〉. 2012년 6월 28일.

한국방송(KBS). 2012. 〈新감시 사회? 인터넷은 알고 있다〉. 2012년 2월 20일.

Chaplin, C. 1936. *Modern Times*.

Loach, K. 1993. *Raining Stones*. Sally Hibbin.

Wachowsk, A. & L. Wachowsk. 1999. *The Matrix*. Warner Bros. Pictures.

신문 자료

《국민일보》, 〈칼퇴근이 부른 폭행〉, 2007년 1월 28일.

《경향신문》, 〈밤새는 가위 … 주말부부죠!〉, 2007년 4월 19일.

《노컷뉴스》, 〈일하러 왔으면 놀지도 마 … 쉴 곳 없는 이주노동자〉, 2011년 12월 5일.

《뉴시스》, 〈가계빚 폭탄, 무서운 놈이 다가온다〉, 2012년 6월 26일.

《매일경제》, 〈1년새 5명 자살 … 대한항공의 불편한 진실〉, 2012년 1월 12일.

《여성신문》, 〈부끄러운 세계 1위〉, 2012년 6월 15일.

《연합뉴스》, 〈연도별 최저임금 · 인상률〉, 2009년 6월 30일.

《오마이뉴스》, 〈진짜 졸릴 땐 입에 손가락 넣어 헛구역질해요〉, 2011년 9월 5일.

《오마이뉴스》, 〈출산휴가 쓰면 성과급 평가 '감점' … 출산이 죄?〉, 2011년 3월 21일.

《일다》, 〈장시간 일해야 한다는 통념을 버려〉 , 2008년 9월 3일.

《일요시사》, 〈안산공단 인근은 외국인 노동자 성범죄 천국〉, 2007년 10월 19일.

《주간경향》, 〈감정노동자, 미소 속에 숨은 고통〉, 2011년 11월 1일.

《중앙일보》, 〈성폭행 · 추행 하루 60건〉, 2011년 9월 20일.

《파이낸셜뉴스》, 〈월가 점령, 그들이 분노한 4가지 이유는〉, 2011년 10월 17일.

《프레시안》, 〈일의 노예 … 한국의 IT개발자가 사는 법〉, 2010년 8월 12일.

《한겨레》, 〈술집, 노래방, 유흥업소에 '공단'이 갇혔다〉, 2006년 12월 18일.

《한겨레》, 〈최저임금 '노동자 평균임금의 50%' 원칙 삼아야〉, 2010년 7월 18일.

《한겨레》, 〈밭에서 하루 15시간 노예처럼, 사장님 무기는 "나가라"〉. 2011년 10월 5일.

《한겨레21》, 〈죽자사자 일하세, 내일이면 늦으리〉, 2003년 3월 14일.

《한겨레21》, 〈뜨겁다 올 데까지 온 주5일제〉, 2003년 3월 13일.

《한국일보》, 〈화가 나도 '고객님~' 감정충돌로 가슴 멍든다〉, 2011년 3월 2일.